www.ingramcontent.com/pod-product-compliance
Lightning Source LLC
LaVergne TN
LVHW010553070526
838199LV00063BA/4958
9789358729443

اردو میں نسائی صحافت

(مضامین)

مرتب:

فرح عندلیب

© Taemeer Publications LLC
Urdu mein Nisayi Sahafat (Essays)
by: Farha Andaleeb
Edition: February '2024
Publisher :
Taemeer Publications LLC (Michigan, USA / Hyderabad, India)

ISBN 978-93-5872-944-3
9 789358 729443

مصنف یا ناشر کی پیشگی اجازت کے بغیر اس کتاب کا کوئی بھی حصہ کسی بھی شکل میں بشمول ویب سائٹ پر اَپ لوڈنگ کے لیے استعمال نہ کیا جائے۔ نیز اس کتاب پر کسی بھی قسم کے تنازع کو نمٹانے کا اختیار صرف حیدرآباد (تلنگانہ) کی عدلیہ کو ہو گا۔

© تعمیر پبلی کیشنز

کتاب	:	**اردو میں نسائی صحافت** (مضامین)
مرتبہ	:	**فرح عندلیب**
صنف	:	تحقیق و تنقید
ناشر	:	تعمیر پبلی کیشنز (حیدرآباد، انڈیا)
سالِ اشاعت	:	۲۰۲۴ء
صفحات	:	۱۰۲
سرورق ڈیزائن	:	تعمیر ویب ڈیزائن

فہرست

(۱)	خواتین اردو صحافت کی سواسو سالہ کہانی	ڈاکٹر صبیحہ ناہید	6
(۲)	اردو میں نسائی صحافت	حقانی القاسمی	18
(۳)	اردو کی تین بھولی بسری خاتون صحافی۔۔۔	اسعد فیصل فاروقی	36
(۴)	ماضی کی خواتین جرنلسٹ	انور غازی	61
(۵)	اردو صحافت اور خواتین کی حصہ داری	پروفیسر قمر جہاں	66
(۶)	اردو صحافت کے میدان میں خواتین کی نمائندگی	ڈاکٹر مرضیہ عارف	74
(۷)	صحافت میں خواتین کا کردار	شہناز تاتاری	81
(۸)	میڈیا اور مسلم خواتین	فاضل حسین پرویز	85
(۹)	دوسو سالہ اردو صحافت میں ہندوستانی خواتین کی حصہ داری	جبیں نازاں	97

(۱) خواتین اردو صحافت کی سوا سو سالہ کہانی: تہذیب نسوان سے ہادیہ تک

ڈاکٹر صبیحہ ناہید

عورتوں کے فعال رول کے بغیر صحت مند معاشرے کی تعمیر ممکن نہیں

انیسویں صدی کو برصغیر کی میڈیا میں بڑی تاریخی اہمیت حاصل ہے۔ اس کے اوائل میں جہاں اردو میڈیا کا قیام عمل میں آیا وہیں اس کے اواخر میں اردو خواتین میڈیا بھی وجود میں آگیا۔ یہ امر بھلے حیرت انگیز ہو مگر خوشگوار ہے کہ ۱۸۵۷ء میں "غدر" کے چند برسوں بعد ۱۸۸۴ء میں سید احمد دہلوی، مولف فرہنگ آصفیہ کے ذریعے نکالا گیا پہلا خاتون رسالہ "اخبار النساء" شروع ہوا اور پھر چودہ برسوں بعد ۱۸۹۸ء میں اپنے زمانے کی مشہور ناول نگار محمدی بیگم کی ادارت میں کسی خاتون کے ذریعہ اولین رسالہ "تہذیب نسواں" کی داغ بیل پڑی۔ خواتین کے ذریعے اخبارات ورسائل کا یہ سفر گزشتہ سوا سو سال سے جاری ہے۔ اس طرح یہ کہا جا سکتا ہے کہ اردو میڈیا میں خواتین نے محمدی بیگم کے "تہذیب نسواں سے لے کر ۲۰۲۱ء میں عطیہ صدیقہ کی زیر ادارت نکالے گئے ماہنامہ "ہادیہ" تک کا لمبا سفر کر کے تاریخ رقم کی ہے۔

جہاں تک اردو میڈیا میں خواتین کے کردار کا تعلق ہے تو اس شعبے میں خواہ وہ پرنٹ میڈیا ہو، الکٹرانک یا ویب میڈیا ہو یا موجودہ دور کا مقبول عام سوشل میڈیا ہو، ہر

شعبے میں خواتین نے اپنی موجودگی درج کرائی ہے اور ملک و قوم کی ترقی کے لیے کارہائے نمایاں انجام دے رہی ہیں۔ اردو کے بے شمار رسائل وجرائد ایسے ہیں جن کی ایڈیٹر شپ کی ذمہ داری وہ بخوبی نبھارہی ہیں۔ کئی روزنامے ایسے بھی ہیں جن میں باقاعدگی کے ساتھ ادبی، سماجی، معاشی، معاشرتی ودیگر موضوعات پر کالمز لکھ رہی ہیں۔ یہ بات قابل توجہ ہے کہ کسی بڑے اردو روزنامے کی ادارت کی ذمہ داری نبھانے کا موقع انہیں ابھی تک نہیں ملا ہے۔ نوئیڈا سے شائع ہونے والے ہفتہ وار چوتھی دنیا ویکلی (اردو) کی ادارت کی ذمہ داری معروف صحافی ڈاکٹر وسیم راشد نے کئی سال تک بخوبی نبھائی ہے جو کہ اردو میڈیا اور خصوصاً خواتین کے لیے فخر کی بات ہے۔

اگر ہم تاریخ کے اوراق کو پلٹ کر ایمانداری کے ساتھ محاسبہ کریں تو ہر دور میں تقریباً ہر شعبے میں خواتین نے کارہائے نمایاں انجام دیے ہیں، خواہ وہ سائنس کا میدان ہو، ادب وشاعری کے محفل ہو یا صحافت کے پر خطر راستے ہوں، ہر جگہ انہوں نے اپنی صلاحیتوں کی چھاپ چھوڑی ہے۔ یہ الگ بات ہے کہ شروع کے ادوار میں ان کو اتنی سنجیدگی سے نہیں لیا گیا اور ان کی صلاحیتوں سے بے اعتناعی برتی گئی لیکن خواجہ الطاف حسین حالی، ڈپٹی نذیر احمد، راشد الخیری اور علی گڑھ مسلم یونیورسٹی کو تعلیم نسواں سے جوڑنے والے شیخ عبد اللہ عرف پاپا میاں جیسے دور اندیش اور بالغ النظر حضرات نے عورتوں کے حالت زار پر توجہ دی۔ انہیں اس بات کا احساس تھا کے ایک صحت مند سوسائٹی کی تعمیر میں عورتوں کا اہم کردار ہوتا ہے۔

دراصل خواتین کے سلسلے میں اردو صحافت کے آغاز کا پہلا سرا عورتوں کی تعلیمی بیداری اور ان کے امپاورمنٹ سے جا کر ملتا ہے۔ بیسویں صدی میں عورتوں کی تعلیمی جدوجہد اور بیداری کے بڑے محرک پاپا میاں اور ان کے دیگر رفقا کی عملی کاوشوں سے نہ

صرف تعلیم نسواں کو فروغ حاصل ہوا بلکہ ان کے اندر سماجی بیداری بھی پیدا ہوئی۔ ہندوستان میں تحریک تعلیم نسواں کی انہیں کوششوں کی وجہ سے تعلیم یافتہ مسلم خواتین کا ایک گروہ پیدا ہوا جس نے آگے چل کر اس کی کمان سنبھالی۔ اسی عملی جدوجہد کے نتیجے میں خواتین میں بیداری اور اصلاح کی لہر پیدا ہوئی۔ آج ہمارے معاشرے میں جو پڑھی لکھی خواتین ہمیں نظر آ رہی ہیں وہ انہیں خواتین کی سعی جمیلہ کا مظہر ہیں۔

خواتین نے انیسویں صدی کے ربع آخر سے لکھنا شروع کر دیا تھا۔ افسانے اور مضامین کے ساتھ ساتھ بچوں کی کہانیاں بھی لکھی گئیں۔ بچوں کا اخبار "پھول" اور خواتین کا رسالہ "شریف بیبیاں"، "تہذیب نسواں" اور دیگر نسوانی جرائد کے اوراق اس بات کے گواہ ہیں کہ کیسی اعلی تخلیقی صلاحیتوں والی خواتین اس وقت بھی موجود تھیں۔ واضح رہے کہ "تہذیب نسواں" ۱۸۹۸ء میں نکلا اور اس کی ایڈیٹر محمدی بیگم جو کہ شمس العلماء مولوی ممتاز علی کی بیگم اور سید امتیاز علی تاج کی والدہ تھیں۔ محمدی بیگم اپنے وقت کی مشہور ادیبہ بھی تھیں، انہوں نے تین ناول 'صفیہ بیگم' آجکل اور شریف بیٹی تصنیف کیں۔ ان کے علاوہ واجدہ تبسم، رشید جہاں، عصمت چغتائی اور ان کے دیگر رفقا کے نام تو لیے جاتے ہیں لیکن ان سے پہلے کی لکھنے والیوں مثلاً رشید النساء، نادر جہاں، اکبری بیگم، صغری ہمایوں مرزا، نذر سجاد حیدر اور ایسی متعدد قابل ذکر قلمکاروں کے نام گمنامی کا شکار ہیں۔

انیسویں صدی کے نصف آخر سے نسوانی رسائل کا باضابطہ آغاز ہوا۔ شروع میں اس کا استعمال خواتین میں بیداری لانے، تعلیم نسواں کو اجاگر کرنے اور تشہیر و اشاعت کے لیے کیا گیا۔ ان رسالوں اور جریدوں میں فلسف، اخلاق، طب، سائنس اور حقوق نسواں کے ساتھ ساتھ امور خانہ داری سے متعلق بھی مضامین ہوا کرتے تھے۔ مجموعی

طور پر یہ کوششیں عورت کو ایمپاورڈ کرنے کی راہ میں ایک قدم تھیں۔ ان کی یہ خدمات اندھیرے میں چراغ کی مانند تھیں جس کا تذکرہ فرانسیسی مستشرق گارساں دتاسی نے اپنے آخری خطبے میں بھی کیا ہے۔

رفتہ رفتہ یہ کارواں چل پڑا اور رفیق نسواں (۱۸۸۴ء) مسز بیڈلی کے زیر ادارت لکھنؤ سے، اخبار النساء (۱۸۸۴ء) زیر صدارت سید احمد دہلوی (موئلف فرہنگ آصفیہ) دہلی سے شائع ہوا۔ اخبار النساء کو تو بر صغیر میں صحافت نسواں کا اولین علمبر دار اخبار مانا جاتا ہے۔ اگر چہ اس سے پہلے آگرہ سے "مفید عام" اور لکھنؤ کے رفیق نسواں نکل چکے تھے۔ اسی طرح "شریف بیبیاں" ۱۸۹۳ء زیر ادارت منشی محبوب عالم کو نسوانی صحافت کا پہلا رسالہ ہونے کا شرف حاصل ہوا۔ اس کے علاوہ علی گڑھ سے خاتون دہلی اور کراچی سے عصمت، بھوپال سے اخلاق نسواں، گیا سے رہبر، میرٹھ سے خاتون مشرق، لکھنؤ سے نسیم انہونوی کا معروف رسالہ حریم، دہلی سے خاتون مشرق، رام پور سے الحسنات، بتول اور حجا، دہلی سے بانو، دہلی سے فلمی میگزین شمع اور ایسے ہی متعدد رسائل و جرائد منظر عام پر آئے۔

یہ وہ تفصیلات ہے جو کہ کتابی دنیا دہلی سے شائع شدہ اس موضوع پر معروف محقق و دانشور ڈاکٹر جمیل اختر کے ذریعے کیے گئے گرانقدر تحقیقی کام کی دو جلدوں پر مبنی ۲۰۱۶ء میں شائع شدہ کتاب "اردو میں جرائد نسواں کی تاریخ" میں دیکھنے کو ملتی ہے جو کہ اردو خواتین میڈیا کے تعلق سے بڑا ہی اہم اور غیر معمولی کارنامہ ہے۔

آزادی کے بعد اور تقسیم ہند کے نتیجے میں سیاسی اور سماجی منظر نامہ بدل گیا اور ملک کو ایک پر آشوب دور کا سامنا کرنا پرا۔ ظاہر ہے اس کا اثر رسائل وجرائد پر بھی پڑا۔ رسائل بھی ہندوستان اور پاکستان میں تقسیم ہو گئے لیکن اس کے باوجود ہمارے ملک میں

رسائل وجرائد دن دونی رات چوگنی ترقی کرتے رہے۔ آزادی کے بعد عورتوں کے ہر میدان میں آگے بڑھنے کے امکانات مزید روشن ہو گئے اور ترقی پسندی کے رجحان نے اس کو مزید تقویت بخشی۔ مسلم خواتین کا ترقی پسند رجحان والا طبقہ پہلے سے بھی موجود تھا۔ نئے حالات اور نئے تقاضوں کے تحت مزید رسالے مختلف مکتبہ فکر کے حامی افراد وجماعت کی طرف سے منظر عام پر آنے لگے، لیکن خواتین کا ہر رسالہ ادبی مزاج کے ساتھ مذہبی وسماجی فکر کا بھی حامل ہوا کرتا تھا۔

خاتون مشرق جو آزادی کے قبل سے نکل رہا تھا وہ حسب سابق بدستور جاری رہا اس کے مزاج وفکر میں کوئی تبدیلی نہیں آئی۔ صرف ایڈیٹر کی رحلت کے بعد نئے ایڈیٹر بدلے گئے۔ چشمہ فاروقی جو کہ خاتون مشرق فیملی سے وابستہ ہیں انہوں نے کئی سال تک خاتون مشرق کے ادارت کی ذمہ داری بخوبی نبھائی لیکن اب وہ رسالہ مختلف وجوہات کی بنا پر برسوں سے بند ہے۔ خاتون مشرق اچھی خاصی تعداد میں شائع ہوتا تھا اور قصباتی علاقوں کی پڑھی لکھی خواتین میں خاص طور سے مقبول تھا۔ ان کے علاوہ بھی شمع افروز، بیسویں صدی، فریدہ رحمت اللہ، زریں شعائیں، نسرین نقاش، صدا، نرگس امجدی، دوران اور عطیہ صدیقہ ماہنامہ ویب میگزن کامیابی کے ساتھ نکال رہی ہیں۔

آزادی کے بعد نسوانی رسائل میں دہلی اور اس کے گرد ونواح کو برتری حاصل رہی ہے۔ ترقی پسند نظریات کا ترجمان دوماہی سلسلہ "ماحول" 1951ء میں دہلی سے شائع ہوا۔ ادبی رسالوں میں اس کا شمار ایک معیاری رسالوں میں ہوتا تھا۔ اس کے علاوہ دہلی سے صبح، گلابی کرن، مشرقی آنچل، پاکیزہ آنچل، مشرقی دلہن رام پور سے حجاب اور بتول اور اس طرح کے متعدد ڈائجسٹ اور رسائل مقبول عام ہوئے۔ ان ڈائجسٹوں کا مقصد بھی خواتین میں علمی ذوق پیدا کرنا، ان میں ذہنی بیداری پیدا لانا، ان کی مخفی صلاحیتوں کو

اجاگر کرنا، امور خانہ داری سے واقف کرانا اور تربیت اولاد کا گر سکھانا رہا ہے۔

علی گڑھ سے راشدہ خلیل کے زیر ادارت "بزم ادب" ان چنندہ رسالوں میں سے ایک ہے جسے ہم مخصوص طور پر خواتین کا، خواتین کے ذریعے اور خواتین کے لیے شائع ہونے والا جریدہ کہہ سکتے ہیں۔

اردو صحافت میں نسائی خدمات کا یہ کارواں تو رواں دواں ہے لیکن ایسا محسوس ہوتا ہے کہ دیگر ذرائع ابلاغ کی طرح اردو میڈیا خواتین کی حصہ داری سے ابھی بھی بہت تشنہ ہے، خاص طور سے اردو چینلز میں ان کی حصہ داری خال خال ہی دیکھنے کو ملتی ہے۔ پرنٹ میڈیا میں تو سعدیہ دہلوی، طلعت سلیم، شمع افروز زیدی، غزالہ صدیق، زرینہ صدیقی وغیرہ چند نام تو دکھائی دیتے ہیں لیکن الیکٹرانک اور ویب اردو میڈیا میں نظر دوڑانے پر بھی خواتین کی وہ حصہ داری نہیں دکھائی دیتی جس کی وہ مستحق ہیں۔ یہ واقعتا ہمارے لیے لمحہ فکریہ ہے۔ البتہ سیما چشتی، عارفہ خانم، نغمہ تبسم و دیگر خواتین نے اپنی کارکردگی اور قبولیت کا مختلف چینلز پر لوہا منوایا ہے۔

ان تمام تفصیلات سے یہ حقیقت سامنے آتی ہے کہ دنیا میں کسی بھی ملک کی میڈیا میں اردو خواتین میڈیا کو اخبارات ورسائل کی تعداد، تنوع اور کردار کے لحاظ سے سب سے زیادہ سبقت حاصل ہے۔ بدنصیبی یہ ہے کہ اردو خواتین میڈیا کا یہ کردار سامنے نہیں لایا جاسکا جس کے سبب یہ پہلو دب کے رہ گیا۔ "گھر کی چہار دیواری تک محدود" خواتین جیسے الزام کی شکار خواتین نے میڈیا میں جو زبردست کارنامہ انجام دیا ہے یہ اسی کا تو مظہر ہے کہ آج اردو معاشرے میں غیر معمولی بیداری دیکھنے کو ملتی ہے۔ جہاں ایک طرف ناخواندگی کم سے کم ہوتی جارہی ہے وہیں دوسری طرف تعلیم کا رجحان تیزی سے بڑھ رہا ہے، حتی کہ اعلیٰ تعلیم حاصل کرکے یہ خواتین ملک وملت کو خود اختیار بنانے اور ترقی کے

دوڑ میں شامل کرنے کے لیے سر گرم عمل ہیں۔ بر صغیر کی میڈیا میں ان کا سوا سو سال یا اس سے زیادہ کا یہ سفر سنہرے حروف میں لکھنے کے لائق ہے۔ تاریخ اسے ہر گز نظر انداز نہیں کر سکتی۔

وجود زن سے ہے اردو صحافت میں رنگ

جہاں تک اردو میڈیا میں خواتین کے کردار کی بات ہے تو اس شعبے میں خواہ وہ پرنٹ میڈیا ہو' الکٹرانک و ویب میڈیا نیز موجودہ دور میں مقبول عام شوشل میڈیا ہو' ہر شعبے میں خواتین نے اپنی موجودگی درج کرائی ہے اور ملک و قوم کی ترقی کے لئے کارہائے نمایاں انجام دے رہی ہیں۔ اردو کے بے شمار رسائل و جرائد ایسے ہیں جس کے ایڈیٹر شپ کی ذمہ داری وہ بخوبی نبھا رہی ہیں۔ کئی روزنامے ایسے ہیں جن میں باقاعدگی کے ساتھ ادبی' سماجی' معاشی' معاشرتی و دیگر موضوعات پر کالمز لکھ رہی ہیں۔ یہ بات ضرور قابل توجہ ہے کہ کسی بڑے اردو روزنامے کی ادارت کی ذمہ داری نبھانے کا موقع انھیں شاید ابھی تک نہیں ملا ہے۔ نوئیڈا سے شائع ہونے والے ہفتہ وار چوتھی دنیا ویکلی (اردو) کے ادارت کی ذمہ داری معروف صحافی ڈاکٹر وسیم راشد نے کئی سال تک بخوبی نبھائی ہے جو کہ اردو میڈیا اور خصوصاً خواتین کے لئے فخر کی بات ہے۔

اگر ہم تاریخ کے اوراق کو پلٹ ایمانداری کے ساتھ محاسبہ کریں تو ہر دور میں' تقریباً ہر شعبے میں خواتین نے کارہائے نمایاں انجام دیے ہیں۔ خواہ وہ سائنس کا میدان ہو' ادب و شاعری کے محفل ہو یا صحافت کے پر خطر راستے ہوں' انہوں نے اپنی صلاحیتوں اور حکمتوں کی چھاپ چھوڑی ہے۔ یہ الگ بات ہے کہ شروع کے ادوار میں ان

کو اتنا سیریس نہیں لیا گیا اور ان کے ٹیلینٹ سے بے اعتنائی برتی گئی۔ لیکن خواجہ الطاف حسین حالی' ڈپٹی نذیر احمد' راشد الخیری اور علیگڑھ مسلم یونیورسٹی کو تعلیم نسواں سے جوڑنے والے شیخ عبد اللہ عرف پاپا میاں جیسے دور اندیش اور بالغ النظر حضرات نے عورتوں کے حال و زار پر توجہ دی۔ انہیں اس بات کا احساس تھا کے ایک صحت مند سوسائٹی کی تعمیر میں عورتوں کا اہم کردار ہوتا ہے۔

دراصل خواتین کے سلسلے میں اردو صحافت کے آغاز کا پہلا سرا عورتوں کی تعلیمی بیداری اور ان کے ایمپاورمنٹ سے جا کر ملتا ہے۔ بیسویں صدی میں عورتوں کی تعلیمی جدوجہد اور بیداری کے بڑے محرک پاپا میاں اور ان کے دیگر رفقا کی عملی کاوشوں سے نہ صرف تعلیم نسواں کو فروغ حاصل ہوا بلکہ ان کے اندر سماجی بیداری بھی پیدا ہوئی۔ ہندوستان میں تحریک تعلیم نسواں کی انھیں کوششوں کی وجہ سے تعلیم یافتہ مسلم خواتین کا ایک گروہ پیدا ہوا جس نے آگے چل کر اس کی کمان سنبھالی۔ اسی عملی جدوجہد کے نتیجے میں خواتین میں بیداری اور اصلاح کی لہر پیدا ہوئی۔ آج ہمارے معاشرے میں جو پڑھی لکھی خواتین ہمیں نظر آرہی ہیں وہ انہیں خواتین کی سعی جمیلہ کا مظہر ہیں۔

خواتین نے انیسویں صدی کے ربع آخر سے لکھنا شروع کر دیا تھا۔ افسانے اور مضامین کے ساتھ ساتھ بچوں کی کہانیاں بھی لکھی گئیں۔ بچوں کا اخبار" پھول" اور خواتین کا رسالہ "شریف بیبیاں" "تہذیب نسواں" اور دیگر نسوانی جرائد کے اوراق اس بات کے گواہ ہیں کہ کیسی اعلی تخلیقی صلاحیتوں والی خواتین اس وقت بھی موجود تھیں۔ واضح رہے کہ "تہذیب نسواں" ۱۸۹۸ء میں نکلا اور اس کی ایڈیٹر محمدی بیگم جو کہ شمس العلماء مولوی ممتاز علی کی بیگم اور سید امتیاز علی تاج کی والدہ تھیں۔ محمدی بیگم اپنے وقت کی مشہور ادیبہ بھی تھیں انھوں نے تین ناول' صفیہ بیگم' آجکل اور شریف بیٹی

تصنیف کیں۔ ان کے علاوہ واجدہ تبسم' رشید جہاں' عصمت چغتائی اور ان کے دیگر رفقا کے نام تو لئے جاتے ہیں لیکن ان سے پہلے کی لکھنے والیوں مثلاً رشید النسائ' نادر جہاں' اکبری بیگم' صغری ہمایوں مرزا' نذر سجاد حیدر اور ایسی متعدد قابل ذکر قلمکاروں کے نام گمنامی کا شکار رہیں۔

انیسویں صدی کے نصف آخر سے نسوانی رسائل کا باضابطہ آغاز ہوا۔ شروع میں اس کا استعمال خواتین میں بیداری لانے' تعلیم نسواں کو اجاگر کرنے' اور تشہیر و اشاعت کے لئے کیا گیا۔ ان رسالوں اور جریدوں میں فلسفہ' اخلاق' طب' سائنس' حقوق نسواں' کے ساتھ ساتھ امور خانہ داری سے متعلق بھی مضامین ہوا کرتے تھے۔ مجموعی طور پر یہ کوششیں عورت کو ایمپاورڈ کرنے کی راہ میں ایک قدم تھا۔ ان کی یہ خدمات اندھیرے میں چراغ کی مانند تھیں جس کا تذکرہ فرانسیسی مستشرق گارساں دتاسی نے اپنے آخری خطبے میں بھی کیا ہے۔

رفتہ رفتہ یہ کارواں چل پڑا اور رفیق نسواں (۱۸۸۴ئ) مسز بیڈلی کے زیر ادارت لکھنؤ سے ' اخبار النسائ(۱۸۸۴ئ) زیر صدارت سید احمد دہلوی(موئلف فرہنگ آصفیہ) دہلی سے شائع ہوا۔ اخبارالنساء کو تو بر صغیر میں صحافت نسواں کا اولین علمبردار اخبار مانا جاتا ہے۔ گرچہ اس سے پہلے آگرہ سے "مفید عام" اور لکھنؤ کے 'رفیق نسواں" نکل چکے تھے۔ اسی طرح "شریف بیبیاں" ۱۸۹۳ء زیر ادارت منشی محبوب عالم کو نسوانی صحافت کا پہلا رسالہ ہونے کا شرف حاصل ہوا۔ اس کے علاوہ علی گڑھ سے خاتون دہلی اور کراچی سے عصمت' بھوپال سے اخلاق نسواں' گیا سے رہبر' میرٹھ سے خاتون مشرق' لکھنؤ سے نسیم انہونوی کا معروف رسالہ حریم' دہلی سے خاتون مشرق' رام پور سے الحسنات' بتول اور حجاب' دہلی سے بانو' دہلی سے فلمی میگزین شمع اور ایسے متعدد

رسائل و جرائد منظر عام پر آئے۔

یہ وہ تفصیلات ہے جو کہ کتابی دنیا دہلی سے شایع اس موضوع پر معروف محقق و دانشور ڈاکٹر جمیل اختر کے ذریعے کئے گئے گراں قدر تحقیقی کام کی دو جلدوں پر مبنی ۲۰۱۶ء میں شایع کتاب "اردو میں جرائد نسواں کی تاریخ" میں دیکھنے کو ملتی ہے جو کہ اردو خواتین میڈیا کے تعلق سے بڑا ہی اہم اور غیر معمولی کارنامہ ہے۔

آزادی کے بعد اور تقسیم ہند کے نتیجے میں سیاسی اور سماجی منظر نامہ بدل گیا اور ملک کو ایک پر آشوب دور کا سامنا کرنا پڑا۔ ظاہر ہے اس کا اثر رسائل و جرائد پر بھی پڑا۔ رسائل بھی ہندوستان اور پاکستان میں تقسیم ہو گئے لیکن اس کے باوجود ہمارے ملک میں رسائل و جرائد دن دنی رات چوگنی ترقی کرتے رہے۔ آزادی کے بعد عورتوں کے ہر میدان میں آگے بڑھنے کے امکانات مزید روشن ہو گئے اور ترقی پسندی کے رجحان نے بھی اس کو مزید تقویت بخشی۔ مسلم خواتین کا ترقی پسند رجحان والا طبقہ پہلے سے بھی موجود تھا۔ نئے حالات اور نئے تقاضوں کے تحت مزید رسالے مختلف مکتبہ فکر کے حامی افراد و جماعت کی طرف سے منظر عام پر آنے لگے لیکن خواتین کا ہر رسالہ ادبی مزاج کے ساتھ مذہبی و سماجی فکر کا بھی حامل ہوا کرتا تھا۔

خاتون مشرق جو آزادی کے قبل سے نکل رہا تھا وہ سابق بدستور جاری رہا اس کے مزاج و فکر میں کوئی تبدیلی نہیں آئی۔ صرف ایڈیٹر کی رحلت کے بعد نئے ایڈیٹر بدلے گئے۔ چشمہ فاروقی جو کہ خاتون مشرق فیملی سے وابستہ ہیں انہوں نے کئی سال تک خاتون مشرق کے ادارت کی ذمہ داری بخوبی انجام دی لیکن اب وہ رسالہ مختلف وجوہات کی بنا پر کئی سال سے شائع نہیں ہو رہا ہے۔ خاتون مشرق اچھی خاصی تعداد میں شائع ہوتا تھا اور قصباتی علاقوں کی پڑھی لکھی خواتین میں خاص طور سے مقبول تھا۔ ان کے علاوہ بھی شمع

افروز'بیسویں صدی' فریدہ رحمت اللہ' زریں شعائیں' نسرین نقاش' صدا' نرگس امجدی 'دوران' اور عطیہ صدیقہ ماہنامہ ویب میگزن کامیابی کے ساتھ نکال رہی ہیں۔

آزادی کے بعد نسوانی رسائل میں دہلی اور اس کے گرد و نواح کو برتری حاصل رہی ہے۔ترقی پسند نظریات کا ترجمان دو ماہی سلسلہ "ماحول" ۱۹۵۱ء میں دہلی سے شائع ہوا۔ ادبی رسالوں میں اس کا شمار ایک معیاری رسالوں میں ہوتا تھا۔ اس کے علاوہ دہلی سے صبح' گلابی کرن' مشرقی آنچل' پاکیزہ آنچل' مشرقی دلہن رام پور سے حجاب اور بتول اور اس طرح کے متعدد ڈائجسٹ اور رسائل مقبول عام ہوئے۔ ان ڈائجسٹ کا مقصد بھی خواتین میں علمی ذوق پیدا کرنا' ان میں ذہنی بیداری پیدا کرنا' ان کی مخفی صلاحیتوں کو اجاگر کرنا' امور خانہ داری سے واقف کرانا اور تربیت اولاد کا گر سکھانا رہا ہے۔

علی گڑھ سے راشدہ خلیل کے زیر ادارت "بزم ادب" ان چنندہ رسالوں میں سے ایک ہے جسے ہم مخصوص طور پر خواتین کا' خواتین کے ذریعے اور خواتین کے لئے شائع ہونے والا جریدہ کہہ سکتے ہیں۔

اردو صحافت میں نسائی خدمات کا یہ کارواں یوں تو رواں دواں ہے لیکن ایسا محسوس ہوتا ہے کہ دیگر ذرائع ابلاغ کی طرح اردو میڈیا خواتین کی حصہ داری سے ابھی بھی بہت تشنہ ہے۔ خاص طور سے اردو چینلز میں ان کی حصہ داری خال خال ہی دیکھنے کو ملتی ہے۔ پرنٹ میڈیا میں تو سعدیہ دہلوی' طلعت سلیم' شمع افروز زیدی' غزالہ صدیقی' زرینہ صدیقی وغیرہ چند نام تو دکھائی دیتے ہیں لیکن الکٹرانک اور ویب اردو میڈیا میں نظر دوڑانے پر بھی خواتین کی وہ حصہ داری نہیں دکھائی دیتی جس کی وہ حقدار ہیں۔ یہ واقعتا ہمارے لئے لمحہ فکریہ ہے۔ البتہ سیما چشتی' عارفہ خانم' نغمہ تبسم و دیگر خواتین نے اپنی کارکردگی اور قبولیت کو مختلف چینلز پر لوہا منوایا ہے۔

ان تمام تفصیلات سے یہ حقیقت سامنے آتی ہے کہ دنیا میں کسی بھی ملک کی میڈیا میں اردو خواتین میڈیا کو اخبارات ورسائل کی تعداد 'تنوع اور کردار کے لحاظ سے سب سے زیادہ سبقت حاصل ہے۔ بدنصیبی یہ ہے کہ اردو خواتین میڈیا کا یہ کردار سامنے نہیں لایا جاسکا جس کے سبب یہ پہلو دب کے رہ گیا۔ ''گھر کی چہار دیواری تک محدود ''خواتین جیسے الزام کی شکار خواتین نے میڈیا میں جو زبردست کارنامہ انجام دیا ہے یہ اسی کا تومظہر ہے کہ آج اردو معاشرے میں غیر معمولی بیداری دیکھنے کو ملتی ہے۔ جہاں ایک طرف ناخواندگی کم سے کم ہوتی جارہی ہے وہیں دوسری طرف' تعلیم کا رجحان تیزی سے بڑھ رہا ہے۔ حتی کہ اعلیٰ تعلیم حاصل کر کے یہ خواتین ملک وملت کو ایمپاور کرنے اور ترقی کے دوڑ میں شامل کرنے کے لئے سرگرم عمل ہیں۔ برصغیر کی میڈیامیں ان کا سوا سو سال یااس سے زیادہ کا یہ سفر سنہرے حروف مین لکھنے کے لائق ہے۔ تاریخ اسے ہرگز نظر انداز نہیں کر سکتی ہے۔

(۲) اردو میں نسائی صحافت

حقانی القاسمی

فیمینزم یعنی تانیثیت کو اس کے مروجہ اصطلاحی مفہوم اور نظری تحریکی تصور کے تناظر میں دیکھا جائے تو اردو میں تانیثی صحافت کا وجود ہی نہیں ہے۔ کیونکہ بہ حیثیت تحریک یا نظریہ تانیثیت کا جو منشور ہے اور جن افکار و تصورات پر یہ مرکوز ہے اردو کی نسائی صحافت کی اس سے قطعی کوئی ذہنی مناسبت اور مطابقت نہیں ہے۔ خاص طور پر ریڈیکل فیمنزم مشرقی تصورات سے ہم آہنگ نہیں ہے۔ فیمنیزم کا بنیادی مقصد مرد مرکوزیت کے خلاف محاذ آرائی کے ساتھ مردانہ تحکم، تغلب، تسلط، تفوق کے تصور کو خواتین کے ذہنوں میں نقش کرنا اور عورتوں کی تملیک اور تحکیم کے خیال کو مستحکم کرنا تھا۔ مگر اب وقت نے خود ہی فیمینزم کو فریب اور فراڈ ثابت کر دیا ہے کہ اس تحریک نے تعمیر و ترقی نسواں کی آڑ میں تخریب اور تنزلی کی سازش رچی تھی۔ فیمینزم سے وابستہ خواتین نے بھی فیمینزم کی بہت سی در پردہ حقیقتوں کو بے نقاب کر دیا ہے۔ فیمینزم نے خانگی اقدار سے بیگانگی اور تحریک آزادی نسواں کی آڑ میں عورتوں کو مستحکم اور خود مختار بنانے کے نام پر عورتوں کے جسم اور ذہن کی تجارت کی ہے۔ فیمینزم نے عورت کے چہرے اور چرتر کو مکمل طور پر مسخ کر دیا ہے۔

انگریزی میں فیمینزم سے جڑے ہوئے بیشتر رسائل میں عورتوں کے جنسی حظ و نشاط کی افزونی کا مواد ہوتا ہے اور مردوں کی شہوت خیز عریاں تصاویر ہوتی ہیں۔ Play Girl, Curve اور Filament جیسی میگزین میں جنسی تشریق اور ترجیحات پر مبنی

آرٹیکلز ہوتے ہیں۔ ان رسائل نے زیادہ تر Cosmo Girl کو جنم دیا ہے۔ ہاں ان رسائل کو پڑھنے سے یہ ضرور پتہ چلتا ہے کہ عورت صرف مریم نہیں زلیخا بھی ہوتی ہے۔ وہ صرف ستی ساوتری نہیں کرشن چندر کی جولیا کرومبی بھی ہوتی ہے۔ انگریزی کے نسائی رسائل کے برعکس اردو کی نسائی صحافت نے نسوانی چہروں اور کرداروں کو نکھارنے اور سنوارنے کا کام کیا ہے۔ عورتوں پر مرکوز جو رسائل، مجلات، اخبارات، ماضی تا حال شائع ہوئے ہیں ان کے مقاصد اور موضوعات فیمینزم سے بالکل مختلف ہیں کیوں کہ ان مجلات کی غایتِ اشاعت صرف اور صرف تعلیم، تربیت اور ترقی نسواں ہے۔ رفیق نسواں (لکھنو)، اخبارالنساء (دہلی)، تہذیب نسواں (لاہور)، خاتون (لاہور)، شریف بی بی (لاہور)، خاتون (علی گڑھ)، ماہنامہ عصمت (دہلی)، معلم نسواں (حیدر آباد)، النساء (حیدرآباد)، پردۂ عصمت (لکھنو)، سفیر قیصر (میرٹھ)، شمس النہار (دہلی)، پردہ نشین (آگرہ)، خادمہ (حیدر آباد)، سفینۂ نسواں (حیدر آباد)، ہم جولی (حیدر آباد)، نسوانی دنیا (لاہور)، ظل السلطان (بھوپال)، بانو (بھوپال)، انیس نسواں (دہلی)، خیابانِ دکن (حیدرآباد)، الحجاب (بھوپال)، امہات (بھوپال)، آفتاب نسواں (بھوپال)، پیام نسواں (لکھنؤ)، تبلیغِ نسواں (دہلی)، جوہر نسواں (دہلی)، بنات (دہلی)، استانی (دہلی)، حجاب (رامپور)، بانو (دہلی)، خاتون مشرق (میرٹھ / دہلی)، روشنی (دہلی)، معین نسواں (علی گڑھ)، ماہنامہ حور (کولکاتہ)، مومنہ (حیدر آباد)، چراغ کعبہ (ممبئی)، زیور (پٹنہ)، قلمکار، باجی (دہلی)، محفل صنم (دہلی)، 'خواتین کی دنیا' نئی دہلی، 'خواتین دنیا' (قومی اردو کونسل، نئی دہلی) وغیرہ اہم نسوانی رسائل ہیں۔ ڈاکٹر جمیل اختر نے دو جلدوں پر مشتمل 'اردو میں جرائد نسواں' میں تقریباً ڈھائی سو نسائی رسائل کا ذکر کیا ہے۔ ان میں کتنے رسالے نسائی صحافت کے زمرے میں رکھے جاسکتے ہیں، یہ تحقیق طلب ہے۔ کیوں کہ صرف زنانہ نام یا

خاتون کی ادارت کی وجہ سے نسائی صحافت میں کسی بھی مجلے کی شمولیت میرے خیال میں محلِ نظر ہے۔ بہت سے علمی و ادبی رسالوں کی ادارت سے خواتین کا تعلق رہا ہے جیسے 'نیا دور' بنگلور سے ممتاز شیریں، ادب لطیف لاہور سے صدیقہ بیگم، مونتاج لاہور سے منصورہ احمد، مستقبل کراچی سے ثمینہ راجہ، آستانہ دہلی سے بیگم ریحانہ فاروقی، 'شعر و حکمت حیدر آباد سے اختر جہاں' آواز' پاکستان سے، فہمیدہ ریاض، 'صدا' کشمیر سے، سیدہ نسرین نقاش، 'سب رس' حیدر آباد سے سکینہ بیگم، صبا حیدر آباد سے صفیہ اریب 'سب رنگ نو' لکھنؤ سے، شاہدہ صدیقی، 'بزم ادب' (علی گڑھ) سے راشدہ خلیل، 'زریں شعائیں' بنگلور سے فریدہ رحمت اللہ اور 'بیسویں صدی' نئی دہلی سے شمع افروز زیدی، فکر و آگہی، بھوپال سے رضیہ حامد، 'ریختہ روزن' سے ہما خلیل اور 'حاشیہ' اورنگ آباد سے ڈاکٹر ہاجرہ بانو کا ادارتی رشتہ ہے۔ مگر ان رسائل میں شاید ہی نسائی مسائل، موضوعات و متعلقات پر کوئی نسائی مخاطبہ یا تانیثی ڈسکورس ہوتا ہو، اس لیے ایسے رسائل کو نسائی صحافت میں شامل کرنا شاید موزوں نہیں ہوگا۔ نسائی صحافت میں طبقۂ نسواں کی بھی تخصیص نہیں ہے بلکہ اس میں وہ تمام مرد حضرات بھی شامل ہیں جو خواتین کے مسائل اور موضوعات پر لکھتے رہے ہیں۔

میرے پیش نظر صرف وہ مجلات ہیں جو خواتین کے مسائل و موضوعات سے مختص ہیں اور جن کے مقاصد میں طبقۂ خواتین کی تعلیم، تعمیر و ترقی اور مستورات کے حقوق کا تحفظ ہی شامل ہیں۔ زیادہ تر نسائی رسائل کے موضوعات اور مقاصد میں یکسانیت ہے۔ نسائی رسائل نے عورتوں سے متعلق جن موضوعات پر ترجیحی طور پر مضامین شائع کیے ہیں ان میں تعلیم نسواں، حقوق نسواں، سماجی مسائل اور مطلقہ خاتون کی فلاح و بہبود، کثیر زوجگی نظام، سخت پردہ، طلاق، خلع، کم عمری کی شادی اور فضول رسمیات سے گریز کے علاوہ امور خانہ داری، کشیدہ کاری، سلائی، کڑھائی، پکوان، اصلاح لباس، زینت و زیبائش،

صحت، فیشن، دستر خوان، کامیاب عورتوں کی سوانح اور دنیا بھر کی عورتوں سے متعلق خبریں شامل ہیں۔ ان رسائل میں بہتر خانگی زندگی کے نسخے اور امورِ خانہ داری سے متعلق معلومات بھی درج ہوتی تھیں اور عورتوں کو تعلیمی، سماجی اور سیاسی سطح پر بیدار کرنے کا مقصد بھی شامل تھا۔ خاص طور پر لڑکیوں کے لیے اسکول اور مکاتب کے قیام پر خاص توجہ دی جاتی تھی۔ ان رسائل میں مردوں کے ساتھ ساتھ خواتین کی شمولیت ہوتی تھی جس میں خواتین اپنے داخلی اور خارجی جذبات و احساسات کا اظہار بھی کرتی تھیں۔ ان نسائی رسائل نے مردوں کے خلاف کوئی محاذ قائم نہیں کیا، نہ مرد اساس معاشرے کے خلاف احتجاج یا بغاوت کا رویہ رہا اور نہ ہی فہمیدہ ریاض کی اقلیما جیسی آواز بلند ہوئی اور نہ ہی امریکی شو سیکس اینڈ دی سٹی جیسی ذہنیت سامنے آئی۔ کیوں کہ اردو میں بیشتر نسائی رسائل کے مرتب یا مدیر مرد حضرات ہی تھے اور ان کا بنیادی مقصد تعلیمی، سماجی اور معاشرتی سطح پر طبقۂ اناث کی بہتری تھا۔ ان رسائل کے ذریعہ عورتوں کی زندگی میں بڑی تبدیلیاں آئیں۔ تغیرات نمایاں ہوئے اور یہ اپنے بنیادی اور شرعی حقوق سے آگاہ ہوئیں۔ نظر بدلی تو منظر بھی بدلا اور خواتین کی تخلیقی قوت کا اعتراف اس مرد معاشرے نے بھی کیا جس نے انھیں ثانوی بنا کر رکھ دیا تھا۔ اس طرح ان رسائل نے عورتوں کے لیے چلمن سے چاند تک کے سفر کو آسان بنا دیا۔ انھی رسائل کی وجہ سے آج خواتین قلم کاروں کی ایک بڑی تعداد موجود ہے۔ اگر یہ رسالے نہ ہوتے تو شاید خواتین کو اتنا مضبوط اور متحرک پلیٹ فارم میسر نہ ہوتا۔ دراصل عورتوں کے امپاورمنٹ میں انھی نسائی رسائل کا اہم اور کلیدی کردار ہے۔

اردو میں نسائی مجلات کو بہت زیادہ شہرت اور مقبولیت نصیب ہوئی اور طبقۂ نسواں پر رسائل نے بہت گہرے اثرات بھی مرتب کیے۔ انھی رسالوں کا اثر ہے کہ ایک زمانے

میں جو عورتیں والدۂ فلاں، ہمشیرۂ فلاں، اہلیۂ فلاں اور بنت فلاں کے نام سے مضامین لکھا کرتی تھیں، ان عورتوں نے اپنے نام سے مضامین لکھنے شروع کیے اور اس طرح خاتون قلم کاروں کا ایک کارواں بنتا گیا اور پھر کامرانیوں کی نئ نئ عبارتیں لکھی جانے لگیں۔ خواتین کی کامیابی اور کامرانی کا یہ سارا سہرا تعلیم اور ترقی نسواں کے اُن بنیاد گزاروں کے سر ہے جن میں بیشتر ناموں کی نسبت مرد طبقہ سے ہے۔ مردوں کے ایک بڑے حصے نے صنفی تعصبات سے گریز کرتے ہوئے عورتوں کے لیے یکساں مواقع مہیا کیے اور رسائل کے ذریعہ خواتین کے لیے نیا روزن کھولا، نئے دریچے وا کیے۔ محبوس معاشرے میں محصور خواتین نے آزادی اور عافیت کی سانس لی اور امکانات کی ایک نئ دنیا اُن کے روبرو ہوئی۔ زرخیز نمو کے امکانات روشن ہوئے اور نسائی تخلیقی قوت سورج کی مانند اپنی منزل کی تمام راہوں کو روشن کرتی گئی۔ گو کہ ان رسائل کے مدیران کو مخالفتوں کا بھی سامنا کرنا پڑا۔ مگر میرے خیال میں یہ مخالفت مرد معاشرے کی طرف سے نہیں تھی بلکہ جاگیردارانہ نظام کی غلیظ ذہنیت اس کے پس پشت کارفرما تھی۔ 'تہذیب نسواں' کو بھی مخالفت کا سامنا کرنا پڑا اور ماہنامہ 'خاتون' علی گڑھ اور معلم نسواں کو بھی۔ ماہنامہ خاتون کے ایک ایڈیٹوریل میں یہ لکھا گیا کہ 'ہم نے بڑے تعجب سے سنا ہے کہ علی گڑھ کے کسی مولوی نے جامع مسجد میں جمعہ کی نماز کے بعد رسالہ خاتون کی مخالفت میں ایک وعظ کہا اور دورانِ واعظ میں اس بات پر زور دیا کہ رسالہ خاتون عورتوں کے حقوق کی وکالت کرتا ہے یہ بالکل خلاف شرع شریف ہے۔'

ادارےیے میں مزید یہ لکھا گیا ہے کہ 'ہم نے افواہاً سنا ہے کہ علی گڑھ میں خاتون کی مخالفت میں کوئی رسالہ جاری ہوا ہے۔ ہم نہایت خوشی سے اس کا خیر مقدم کرتے ہیں۔' معلم نسواں حیدر آباد میں جب سخت پردے کے خلاف مضامین کی اشاعت کا سلسلہ

شروع ہوا تو اس رسالے کو بھی بند کرنا پڑا مگر ان مخالفتوں کے باوجود بہت سے نسائی رسائل پہاڑ اور چٹان کی طرح اپنے موقف پر ڈٹے رہے اور تعلیم و ترقی نسواں کے لیے کوشاں رہے۔ ان ہی رسائل کا فیض ہے کہ عورتوں کے مکاتیب قائم ہوئے اور ان کی تعلیمی راہ کی مشکلات دور ہوئیں اور یہ عورتیں مختلف اصناف ادب میں اپنے جذبات اور احساسات کا اظہار بھی کرنے لگیں۔

نسائی رسائل میں رفیق نسواں لکھنو کو اولیت کا شرف حاصل ہے کہ اس کی اشاعت کا آغاز 5 مارچ 1884 کو ہوا۔ یہ عیسائی مشنری کا رسالہ تھا۔ اس کے بانی پادری کریون تھے اور مسز ہیڈلی اس کی ایڈیٹر تھیں۔ جنھوں نے ایک اہم بات یہ لکھی تھی کہ 'آپ اس پرچے کا کوئی مضمون اپنے گھر میں ان کو جو پڑھ نہیں سکتیں ہر روز سنایا کیجیے۔'

فرہنگ آصفیہ کے مؤلف اور مشہور لغت نویس مولوی سید احمد دہلوی نے 'اخبار النساء' یکم اگست 1884ء کو دہلی سے شائع کیا۔ یہ رسالہ ایک ماہ میں تین بار شائع ہوتا تھا۔ یہ مکمل طور پر عورتوں کے لیے مخصوص تھا۔ جس میں عورتوں کی تعلیم، حیا اور شرافت سے متعلق تحریریں شائع ہوتی تھیں۔ اس اخبار کے خلاف بھی محاذ آرائی ہوئی مگر مولوی سید احمد دہلوی نے اپنی جرأت کا ثبوت دیا اور رسالہ جاری رکھا۔

'پیسہ' کے مدیر منشی محبوب عالم نے مستورات کی تعلیم کے لیے لاہور سے 1893 میں شریف بیبیاں کے نام سے ایک رسالہ جاری کیا اور رسالے کے مقاصد کی وضاحت کرتے ہوئے یہ تحریر کیا کہ 'رسالہ شریف بیبیاں جاری کرنے کی غرض یہ ہے کہ ہندوستان کے لاکھوں بے زبان مخلوقات (فرقہ نسواں) کی خانہ داری کی تعلیم سے متعلق ایسے امور اس میں درج کیے جایا کریں جس میں [نہ] صرف ہر ایک گھرانہ بہشت کا نمونہ بن جاوے بلکہ آئندہ نسل کی اٹھان میں بھی اس سے مدد ملے۔' اس مکمل نسائی رسالے

میں ممتاز عورتیں، روئے زمین کی عورتیں، انتظام خانہ داری، دستر خوان، تربیت اطفال، آرائش وزیبائش، کشیدہ کاری جیسے عنوانات پر مضامین شائع کیے جاتے تھے۔

دارالاشاعت لاہور کا رسالہ 'تہذیبِ نسواں لاہور' نسائی صحافت کا ایک روشن باب ہے۔ یہ ہندستان کا سب سے پہلا زنانہ ہفتہ وار اخبار تھا جیسا کہ تہذیب نسواں کے سرورق پر درج ہے۔ سر سید احمد خاں نے یہ اخبار جاری نہ کرنے کا مشورہ دیا تھا مگر شمس العلماء مولوی سید ممتاز علی نے یہ اخبار شائع کیا۔ اس کا پہلا شمارہ یکم جولائی 1898 میں منظر عام پر آیا۔ مولوی ممتاز علی کی دوسری بیوی اور ڈراما انار کلی کے مصنف امتیاز علی تاج کی والدہ نعمت خانہ، رفیق عروس، سگھڑ بیٹی، خانہ داری کی مصنفہ محمدی بیگم کی ادارت میں یہ رسالہ شائع ہوا۔ انھوں نے 'مشیر مادر' کے نام سے ایک اور رسالے کی ادارت کی۔

مولوی ممتاز علی حقوق نسواں کے علم بردار تھے۔ انھوں نے حقوق نسواں پر ایک اہم کتاب تحریر کی تھی جس کی وجہ سے انھیں ہندستان کا پہلا فیمنسٹ بھی کہا جاتا تھا۔ سردار محمدی بیگم نے انھیں نسوانی بیڑے کا ناخدا تو کسی نے انھیں خضر نسواں بھی کہا ہے۔ مولوی ممتاز علی نے نسائی موضوعات پر مرکوز اس رسالے کا اجرا کیا جس کا مقصد مستورات کی تعلیم وتربیت، اخلاق وخانہ داری، حکایات وشکایات کے علاوہ ان کے حقوق سے آگاہ کرنا تھا۔ یہ صرف ایک رسالہ ہی نہیں بلکہ تحریک کی صورت اختیار کر گیا۔ اس رسالے کی بھی شدید مخالفت ہوئی۔ مولوی سید ممتاز علی نے اپنے ایک مضمون میں لکھا ہے کہ 'لوگوں کو حق اور اختیار تھا کہ وہ اخبار کو ناپسند کرتے اور نہ پڑھتے اور اپنے گھروں میں نہ آنے دیتے مگر انھوں نے اسی پر اکتفا نہیں کیا بلکہ گالیاں دینی شروع کیں۔ گالیاں بھی اگر بند خطوط کے اندر لکھی آتیں تو اس قدر ذلت نہ ہوتی مگر وہ تو اخبار کے پیکٹوں پر بازاری گالیاں لکھ کر اخبار واپس کرتے تھے اور خطوں میں جو کچھ لکھتے تھے کہ وہ اس قدر

شرمناک ہوتا تھا کہ خط کھولنے کی جرأت نہ ہوتی تھی۔ ہاتھ کانپتے اور دل سہما جاتا تھا' (تہذیب نسواں، 6 جولائی 1935) شدید مخالفت کے باوجود یہ رسالہ طویل عرصے تک شائع ہوتا رہا۔ محمدی بیگم کے بعد وحیدہ بیگم بنت سید ممتاز علی اور پھر امتیاز علی تاج نے اس کی ادارت سنبھالی۔ آخری شمارہ 1949 میں شائع ہوا۔ اس رسالے نے بہت سی خواتین قلم کاروں کو جنم دیا۔ جن میں نذر سجاد حیدر، حجاب امتیاز علی، سلطانہ آصف فیضی، صغرا ہمایوں مرزا، زخ ش قابل ذکر ہیں۔ جن خواتین کی تحریریں تہذیب نسواں میں بہ کثرت شائع ہوئیں ان میں ظفر جہاں بیگم، بلقیس جمال، نجم النساء، زاہدہ خاتون، خاتون اکرم، کنیز فاطمہ، امۃ الحمید خانم، ممتاز النساء، زہرہ خانم، خدیجہ بائی، خدیجۃ الکبریٰ، محمودہ بیگم، عباسی بیگم، فاطمہ بیگم، اکبری خانم، رحیم النساء، صغیر فاطمہ وغیرہ کے نام لیے جاسکتے ہیں۔ اس رسالے میں تعلیم نسواں، امور خانہ داری کے علاوہ، پردہ، پولی گیمی اور طلاق جیسے مسائل پر مضامین اور مباحثے شائع ہوتے تھے۔ اس رسالے نے نسائی صحافت کو ایک نئی روشنی اور نئی راہ دکھائی۔

علی گڑھ سے پاپا میاں شیخ محمد عبد اللہ بی اے، ایل ایل بی اور ان کی بیوی وحیدہ بیگم کی ادارت میں یکم جولائی 1898 کو ماہنامہ 'خاتون' علی گڑھ کا اجرا ہوا۔ یہ در اصل آل انڈیا محمڈن ایجوکیشنل کانفرنس کے تعلیم نسواں کے سیکشن کا ترجمان تھا۔ اس میں تعلیم نسواں کی حمایت میں مضامین شائع ہوتے تھے اور اسی رسالے کی وجہ سے علی گڑھ میں مدرسہ نسواں کا قیام عمل میں آیا جو بعد میں عبد اللہ گرلس کالج کی شکل اختیار کر گیا۔ اس رسالے کی بڑی پذیرائی ہوئی کیوں کہ یہ رسالہ مکمل طور پر مستورات کی تعلیم اور تربیت کے لیے وقف تھا۔

دہلی سے 1908 میں مصور غم علامہ راشد الخیری کی ادارت میں 'ماہنامہ عصمت' کا

اجرا عمل میں آیا۔ یہ شریف ہندستانی بیویوں کے لیے رسالہ تھا۔ اس میں مرد اور خواتین دونوں کی تحریریں ہوتی تھیں۔ اس میں تعدد ازدواج کے خلاف اور عورتوں کی وراثت کے حق میں مضامین شائع ہوتے تھے۔ یہ رسالہ راشد الخیری کے بعد رازق الخیری، آمنہ نازلی، صائمہ خیری اور طارق الخیری اور صفورہ خیری کی ادارت میں شائع ہوتا رہا۔ اس کے مضمون نگاروں میں بہت سی مؤقر شخصیات شامل تھیں۔ دہلی کے بعد یہ رسالہ پاکستان سے شائع ہوتا رہا۔ 1979 تک یہ رسالہ جاری رہا۔ خوب صورت طباعت اور دیدہ زیب سرورق کی وجہ سے یہ رسالہ ہر حلقے میں مقبول تھا۔

معلم نسواں حیدر آباد مولوی محب حسین کی ادارت میں شائع ہوتا تھا۔ جو کہ حقوق نسواں کے علم بردار تھے اور روشن خیال بھی۔ انھوں نے یہ ماہواری رسالہ اس مقصد کے ساتھ شائع کیا تھا کہ 'مسلمان عورتوں کی موجودہ پست و ذلیل حالت میں ترقی ہو اور علم و تعلیم کی روشنی پھیلے۔' انھوں نے اشتہار میں بھی اس کی وضاحت کی تھی کہ 'اس کا موضوع عورت ہے جس کی ہر ایک حالت سے بحث کی جاتی ہے۔ اس کی غایت، ترقی، تعلیم و ترویج نسواں ہے جن کی ملک و ملت کو بہت ضرورت ہے۔' مولوی محب حسین نے معلم نسواں میں جن موضوعات پر اپنے مجلے کو مرکوز رکھا تھا ان میں قدرتی و اخلاقی شاعری و نظم نسواں، اخبار نسواں، آداب و اخلاق نسواں، آیات و احادیث نسواں، فقہ و قانون نسواں، انتظام خانہ داری، طب نسواں، آرائش و زیبائش نسواں، عورتوں کے ڈرامے اور ناول، نظائر مقدمات نسواں، تعلیم و تربیت اطفال، پرورش اطفال، مضامین نسواں، مشاہیر نسواں، قصص و حکایات نسواں، وعظ و پند نسواں، تعلیم و تربیت نسواں، مراسلات نسواں، مذاق نسواں اہم ہیں۔ ان تمام موضوعات کی وضاحت انھوں نے اشتہار میں کی ہے اور معلم نسواں میں ان موضوعات پر مضامین بھی شائع کیے گئے ہیں۔

انھوں نے مسلمانوں میں تعلیم نسواں کا رواج کے عنوان سے ایک بہت وقیع مضمون بھی تحریر کیا تھا اور اس تعلق سے کئی اور تحریریں بھی انھوں نے شائع کی ہیں۔ مولوی محب حسین نے سخت اور غیر شرعی رواجی پردے کی مخالفت میں مضامین بھی شائع کیے جس کی سزا یہ ملی کہ ان کے رسالے کو بند کرنے کا حکم جاری کر دیا گیا۔ اسی رسالے میں اس نوع کے مصرعے بھی چھپتے تھے کہ "حامیان پردہ داری مبتلائے جہل ہیں"۔ مولوی محب حسین نے اس مجلے میں 'پردے کی مضرتیں' کے عنوان سے مضامین شائع کیے۔ پردے کے خلاف بہت سی تحریریں انھوں نے شائع کیں۔ مولوی محمد سلیمان بیرسٹر ایٹ لا کا مضمون 'موجودہ پردہ خلاف عقل ہے' کے عنوان سے شائع کیا۔ مولوی محب حسین کا خیال تھا کہ 'مسلمان عورتوں کی تعلیم میں پردہ ایک سخت سنگلاخ پہاڑ کی طرح حائل ہے جب تک اہل ملک اس فولادی کوہ کے کاٹنے کی طرف متوجہ [نہ] ہوں گے اس وقت تک مسلمان عورتیں صحت و تعلیم دونوں سے محروم رہیں گی اور پھر ان کے اثر سے قومی اخلاق، تہذیب و تمدن بھی درست نہ ہوں گے۔' انھوں نے یہ بھی لکھا تھا کہ 'پردہ نے تمام ہندوستانی قوموں کو اور خالصتاً مسلمانوں کو اتنے اور ایسے نقصان پہنچائے جن کی وجہ سے ساری قوم پر تباہی برس گئی۔' مولوی محب حسین نساء المسلمین کے موجودہ پردے کو عورتوں کے لیے ایک قسم کا حبس دوام قرار دیتے تھے اور اس سلسلے میں انھوں نے اپنے مجلے میں بحث بھی چھیڑی اور معلم نسواں میں یہ اشتہار شائع کروایا کہ جو حضرات قرآن شریف اور احادیث مقدسہ سے یہ ثابت فرمائیں کہ نساء المسلمین کا موجودہ پردہ جائز ہے تو ان کو سو روپے بطور انعام دیے جائیں گے۔ مولوی صاحب کی مخالفت میں کئی علما و فضلا کی دانشورانہ تحریریں شائع ہوئیں۔ ضرورت ہے کہ معلم نسواں میں پردے کی حمایت یا مخالفت میں چھپنے والی تمام تحریروں کو کتابی شکل میں شائع کیا جائے تا کہ پردے کے تعلق

سے تمام حقائق عوام کے سامنے آسکیں۔

حیدر آباد ہی سے صغرا ہمایوں مرزا حیاایم۔ آر۔ اے۔ ایس۔ لندن کی ادارت میں 'عورتوں اور لڑکیوں کا ماہوار رسالہ، 'النسا' کا اجرا ہوا۔ یہ انجمن خواتین دکن کا ترجمان تھا۔ جس کی اشاعت کے مقاصد میں اصلاح خیالات نسواں، مسلم مستورات کی گری ہوئی حالت کو ابھارنا، مستورات کے حقوق کا تحفظ وغیرہ شامل ہیں۔ اس میں انھوں نے کم عمری کی شادی، سخت پردہ، کثیر زوجگی نظام کے خلاف مضامین لکھے اور بیوہ اور مطلقہ خواتین کی فلاح و بہبود پر زور دیا، اس رسالہ میں اڈیٹرس النساء کی تحریروں کے علاوہ سلطانہ بنت قاضی کبیر الدین، اہلیہ محمد ظہور حسن انصاری وغیرہ کی تحریریں بھی شائع ہوتی تھیں۔ ان ہی کی ادارت میں زیب النساء کے نام سے ایک رسالہ لاہور سے شائع ہوا۔ جس میں انھوں نے عورتوں کو یہ پیغام دیا کہ 'عورتوں کو چاہیے کہ اپنی ترقی کا آپ خیال رکھیں اور یہ کوشش کریں کہ اپنی لڑکی ایسے مرد کو نہ دیں جس کے پاس پہلی بیوی اور بچے موجود ہوں۔' اس رسالے میں زہرہ بیگم صاحبہ آروی، سعیدہ خانم، صوفیہ قیصر شگفتہ بھوپالی، جمیلہ بیگم کلکتوی، آنسہ سیدہ اشرف ناگپوری، ثریا بیگم، میر ذکیہ لکھنؤ، رفعت جمیلہ بنگلور وغیرہ کی نگارشات شائع ہوا کرتی تھیں۔

لکھنو سے 'پردۂ عصمت' کے نام سے تاریخی ناول نگار 'دل گداز' اور 'مہذب' کے مدیر مولانا عبد الحلیم شرر نے ایک رسالہ نکالا جس میں انھوں نے تعلیم نسواں کی حمایت اور غیر شرعی پردے کی سخت مخالفت کی۔ پردے پر اس میں بہ کثرت مضامین شائع ہوئے جو بعد میں کتابی شکل میں منظر عام پر آئے۔ اس رسالے کو بھی سخت مخالفت کا سامنا کرنا پڑا اور مولوی صاحب مطعون اور معتوب بھی ہوئے۔

'سہیلی' لاہور / امرتسر اہم نسائی رسالہ ہے جس کے سرنامہ پر یہ شعر درج ہے جو

مجلے کے مقصد و منہج کی وضاحت کرتا ہے

ہے ناصح نسواں بھی یہ رسالہ اور دل سوز سہیلی بھی
باورچن بھی مغلانی بھی استانی بھی بہنیلی بھی

یہ مجلہ افتخار النساء، خدیجہ بیگم ایم۔ اے۔ ایم۔ او۔ ایل، ایم، آر۔ایس گولڈ میڈلسٹ کی سرپرستی میں شائع ہوتا تھا اور اس کے عملہ ادارت میں نوشابہ خاتون قریشی امروہی بی۔ اے، زہرہ بتول، رضیہ خاتون اور ام البنات، رقیہ بیگم رقی شامل رہی ہیں۔ اس رسالے کے عنوانات بہت پرکشش اور معنی خیز ہوتے تھے۔ تذکرۂ خواتین، پردہ، کہانیاں، تربیت اولاد، متفرقات، معلومات، دستکاری، حقوق نسواں، حفظان صحت، خوان نعمت، یادداشت، گلدستہ، خطبات نسواں، آئینہ خانہ، سیر بیں، معلومات، عجائبات، عالمی نسواں، بزم خواتین، تفریح، پہیلیاں، سیر و سفر اور اس کا اداریہ 'بات چیت' کے عنوان سے لکھا جاتا تھا۔ جس میں رسالے کے مشمولات پر گفتگو ہوتی تھی۔ یہ واقعی مکمل زنانہ رسالہ تھا جو عورتوں کو مختلف سطح پر بیدار کرنے کا فریضہ انجام دے رہا تھا۔ اس کے قلم کاروں میں مرد و زن سبھی شامل تھے۔ اس میں بہت سی ایسی خواتین کے نام ملتے ہیں جن کا ذکر کسی بھی تذکرے میں نہیں ملتا۔ گوہر حور میر ٹھی، خدیجۃ الکبریٰ، ممتاز رفیع بیگم، رقیہ انصاری، برجیس اکرام، صفیہ بیگم قمر، عنایت احمدی بیگم، شوکت بلقیس، وحید النساء، بلقیس جمال بریلوی، طاہرہ بیگم لکھنوی وغیرہ وغیرہ۔ اس مجلے میں جہاں بہت سے کالم بہت مفید تھے وہیں تذکرہ خواتین کے عنوان سے ایک کالم بھی ہوا کرتا تھا جس میں بائی ادے پوری، حضرت سمیہ، مہ جمال پر تھائی، مریم زمانی، گلبدن بیگم، قرۃ العین طاہرہ، حرقہ بنت نعمان، جانی بیگم، فاطمہ خانم، کرشنا کماری اور دیگر خواتین پر مضامین شائع ہوئے ہیں۔ یہ رسالہ خواتین میں بہت مقبول تھا۔ اداریے میں یہ لکھا گیا ہے

کہ "اس کی روز افزوں ترقی اور بہنوں کی بے حد دلچسپی اس بات کی روشن دلیل ہے کہ حقیقی معنوں میں صنف نازک کی نہایت ہم درد اور سچی سہیلی ہے۔" سہیلی کے خصوصی شمارے بہت مقبول ہوئے۔ اس کے سال گرہ اور عید نمبر کی بڑی پذیرائی ہوئی۔ سال گرہ نمبر کی ساڑھے چار ہزار اشاعت اس کی مقبولیت کی دلیل ہے۔ اس مجلے میں عورتوں کے مسائل پر مختلف زاویے پر گفتگو ہوتی تھی اور مختلف ممالک کی خواتین کی تعلیمی، سماجی، سیاسی حالت پر تحریریں شائع ہوتی تھیں۔ پردہ اور تعلیم پر بھی خاص زور تھا۔ سہیلی کے ایک شمارے میں جہاں پردے کے تعلق سے ایک مخمس میں یہ لکھا گیا ہے کہ

ہماری صنف نازک پر تو اک احسان ہے پردہ
مسلمانوں یہ گویا رحمت رحمن ہے پردہ
نسائیت کے پیکر میں مثال جان ہے پردہ
حفظ دولت عفت کا اک سامان ہے پردہ

تو وہیں ایڈیٹر نے رواجی پردے کی مخالفت کرتے ہوئے لکھا ہے کہ 'اس کی بدولت ہزاروں مائیں بہنیں ایسی ہوں گی جو علم جیسے قیمتی خزانے سے محروم ہوں اور سیکڑوں جانیں ایسی ہوں گی جو طرح طرح کے متعدد امراض کا شکار ہو کر موت کے گھاٹ اتر چکی ہوں۔ دق اور سل جیسے متعدد امراض نے آج جس سرعت سے بڑھنا شروع کیا ہے وہ اسی مقید زندگی کا نتیجہ نہیں تو اور کیا ہے۔ انھوں یہ بھی لکھا کہ 'میرا مدعا ہرگز نہیں کہ جسمانی صحت اور تعلیم کے لیے عصمت جیسی نایاب دولت کو قربان کر دیا جائے بلکہ پردے کے ناجائز استعمال سے عورتوں کے ان حقوق کی پامالی نہ کی جائے جو فطرت نے اس کو بخشی ہے۔' (سہیلی، امرتسر، اپریل 1928)

بھوپال سے ماہنامہ الحجاب کا اجرا سلطان جہاں بیگم فرماں روائے بھوپال کی سرپرستی

اور محمد یوسف قیصر بھوپالی کی ادارت میں ہوا۔ اس رسالے کے موضوعات میں تعلیم، لباس، پردہ اور دیگر نسائی متعلقات شامل تھے۔ 1909 میں یہ رسالہ جاری ہوا اور ڈاکٹر محمد نعمان خان کے مطابق 'قارئین کی سرد مہری اور عدم توجہی کے باعث حالات کی نا مساعدت کا شکار ہو کر ستمبر 1911 میں ہمیشہ کے لیے بند ہو گیا۔'

بھوپال ہی سے ایک اور رسالہ ماہنامہ ظل السلطان سلطان جہاں بیگم کی سرپرستی اور محمد امین زبیری کی ادارت میں شائع ہونا شروع ہوا۔ اس کے سرورق پر 'ہندوستانی خواتین کی علمی دلچسپیوں کا ایک ماہوار رسالہ' درج تھا۔ رسالے کے مقاصد و قواعد و ضوابط کے تحت یہ لکھا گیا تھا کہ 'اس رسالہ کا مقصد خواتین ہند میں اشاعت و ترویج و تعلیم اور ان کے لیے مفید کار آمد معلومات کا فراہم کرنا ہے۔' ریختہ پر دستیاب ظل السلطان کے شماروں کے مطالعے سے پتہ چلتا ہے کہ واقعی اس رسالے میں مستورات اور مخدرات کے لیے مفید معلوماتی مضامین شائع ہوتے تھے۔ فاطمہ صغریٰ بنت احمد حسن، زہرہ سلطان، م ب صاحبہ لکھنوی، مسز اسلم، عالیہ خاتون، اختر دلہن، ب بیگم صاحبہ کی تحریریں اس مجلے میں شائع ہوتی تھیں اور فہرست مضامین سے یہ اندازہ ہوتا ہے کہ یہ مجلہ خواتین کی تعلیم اور سماجی ترقی کے لیے شائع ہوتا تھا۔ اس میں خواتین اسلام کی اصلاح و ترقی، یورپ میں لڑکیوں کی تعلیم، زنانہ تعلیم کی اہمیت، انگریزی تعلیم نسواں، خواتین اسلام کے جذبات، خواتین سلطان محمد ازبکستان، عورت ابن رشد کی نظر میں اور اس طرح کے دیگر اہم موضوعات پر مضامین شائع ہوتے تھے۔ عالم نسواں کے عنوان سے بھی ایک کالم تھا۔

بھوپال ہی سے قمر النساء کی ادارت میں 'امہات' کے نام سے ایک رسالہ شائع ہوتا تھا۔ اس کے مالک محمود الحسن صدیقی تھے۔ ڈاکٹر نعمان خان نے اس کا سنہ اشاعت 1933 درج کیا ہے۔ اور اس رسالے کے درج ذیل اغراض و مقاصد تحریر کیے ہیں۔

(1) تعلیم نسواں کی ترویج و ترقی (2) خواتین میں علمی ادبی ذوق پیدا کرنا (3) مضر رسوم [کا] انسداد (4) خواتین کے معاشرتی شہری اور ملکی حقوق کا تحفظ (5) اصول سیاست عامہ سے خواتین کو روشناس کرانا (6) نظام معیشت اور طریق خانہ داری میں مناسب اصلاح (7) ماؤں اور بچوں کی صحت و زندگی کا تحفظ (8) قومی مجالس کی تنظیم کی ضرورت کا احساس پیدا کرنا (9) مفید گھریلو صنعتوں کی ترویج و ترقی (10) اصول کفایت شعاری اور امداد باہمی کی ترویج (11) مفید نسوانی تحریکات کی حمایت۔

اس رسالے نے بھی عورتوں کو بیدار کرنے میں ایک اہم کردار ادا کیا ہے۔

اس کے علاوہ اور بہت سارے نسائی رسائل ہیں جو مختلف علاقوں سے شائع ہوتے رہے ہیں جن میں 'ماہنامہ رضوان' لکھنؤ، ماہنامہ افشاں بھوپال، رہبر ممبئی، مالیگاؤں سے نکلنے والے 'ماہنامہ خوشبو'، 'گلشن خواتین'، الطاہرات، صدائے نساء' وغیرہ کا ذکر کیا جا سکتا ہے۔ مگر بیشتر رسائل کی مدت حیات بہت مختصر رہی۔ اب خواتین ڈائجسٹ بھی شائع ہو رہے ہیں جو اشرافیہ طبقے میں بہت مقبول ہیں۔ مگر زیادہ تر ڈائجسٹ خواتین کی تعلیم و تربیت اور حقوق نسواں سے آگہی کے بجائے ذہنی تفریح کے لیے شائع کیے جاتے ہیں۔ ان میں پاکیزہ آنچل، ہما، مشرقی آنچل اور پاکستان سے شائع ہونے والے ڈائجسٹوں کا ذکر کیا جاسکتا ہے۔

خواتین سے مختص جتنے قدیم رسائل ہیں ان میں بہت اہم نسائی موضوعات اور متعلقات پر مضامین ہیں۔ ضرورت ہے کہ ان قدیم نسائی رسائل کے انتخابات شائع کیے جائیں تاکہ اس عہد کی خواتین کے انداز نظر کا نہ صرف پتہ لگ سکے بلکہ قلم کار خواتین سے بھی ہم واقف ہو سکیں۔ ہندی میں 'کلام نسواں' کے عنوان سے شاید اس طرح کی کوشش ہو چکی ہے۔ اردو میں بھی اس طرح کی کوشش کی جانی چاہیے تاکہ ماضی کی نسائی

صحافت اور نسوانی سوچ کے منظر نامہ سے آگہی ہو سکے۔

موجودہ دور میں خواتین سے مختص بہت کم رسالے شائع ہوتے ہیں مگر کچھ خواتین ایسی رہی ہیں جو خواتین کے مسائل و موضوعات پر لکھتی رہتی ہیں۔ اور بہت سی خواتین پرنٹ اور الیکٹرانک میڈیا سے بھی جڑی رہی ہیں۔ ایسی خاتون صحافیوں میں جیلانی بانو، اختر جہاں، ثریا ہاشمی، سلطانہ حجاب، خالدہ بلگرامی، سعدیہ دہلوی، نور جہاں ثروت، فرحت رضوی، شیریں دلوی، عالیہ ناز، آمنہ تحسین، وسیم راشد، تسنیم کوثر، شہلا نواب، غزالہ صدیقی، رضیہ حامد، رئیسہ منور، زیب النسا، نرگس سلطانہ، جہاں آرا، راسیہ نعیم ہاشمی، سفینہ عرفات، رفیعہ نوشین، نسیم سلطانہ وغیرہ کے نام لیے جاسکتے ہیں۔

عورتوں کو بیدار کرنے میں نسائی صحافت کا بہت اہم کرداریوں بھی رہا ہے کہ کم زور سمجھی جانے والی صنف اپنے قلم کی طاقت سے اپنے نسائی وجود اور قوت کا احساس کرانے میں یقینی طور پر کامیاب ہے۔ اگر یہ رسائل نہ ہوتے تو خموشی کی زبان آوازوں میں تبدیل نہ ہوتی اور نہ ہی یہ اپنے زخموں کو زباں کر پاتی۔ ان رسائل کی وجہ سے خواتین کو ایک مضبوط پلیٹ فارم مل گیا۔ مگر یہاں اس حقیقت کا اظہار بھی ضروری ہے کہ خواتین یا زنانہ رسائل کی اشاعت کا سہرا ابھی مردوں کے سر ہے اور نسائی صحافت کے بنیاد گزار بھی مرد حضرات ہی ہیں۔ ہندستان کی سطح پر تانیثیت کا منشور یا ایجنڈا ابھی مردوں ہی کا تیار کردہ ہے۔ کہتے ہیں کہ ڈپٹی نذیر احمد نے سب سے پہلے تانیثیت کا ایجنڈا تیار کیا تھا۔ تعلیم اور ترقیِ نسواں کے ذیل میں جسٹس امیر علی، سید محمود، کرامت حسین اور مجالس النسا والے حالی کو بھی فراموش نہیں کر سکتے ہیں۔ یہاں یہ بات یاد رکھنے والی ہے کہ سب سے پہلے فیمنزم کی اصطلاح کو ایک فرانسیسی فلسفی نے ہی وضع کیا تھا جس کا نام تھا چارلس فوریر Charls Fourier۔ اس کی نیت پر شک نہیں کیا جا سکتا مگر بعد میں فیمنزم بے

راہ روی پر اتر آئی اور اس نے مرد کردار کو مشکوک اور مشتبہ قرار دینے کے لیے بہت سے مفروضے گڑھ لیے اور یہ کہا جانے لگا کہ مردوں نے ہی عورتوں کو حاشیے پر ڈال رکھا ہے اور ان سے جنت چھین لی ہے۔ یہاں میں نسائی معاشرے سے یہ سوال پوچھنے میں حق بہ جانب ہوں کہ عورتوں کا تذکرہ 'بہارستان ناز' کس نے لکھا تھا۔ 'تذکرہ شاعرات اردو' کس نے مرتب کیا تھا۔ 'شمیم سخن' کس نے لکھا تھا۔ جواب یہی آئے گا کہ بالترتیب حکیم فصیح الدین رنج میر ٹھی، جمیل احمد، عبدالحی صفا بدایونی مرد طبقے سے تعلق رکھنے والے ہی ان تذکرہ و تذکار خواتین کے مصنف ہیں۔ اس لیے بلاخوف لومۃ لائم مجھے یہ کہنے دیجیے کہ مردوں نے ہی عورتوں کے خیالوں کو زمین اور خوابوں کو آسمان عطا کیا ہے اور ان کے حوصلوں کو نئی اڑان دی ہے۔

استفادی کتابیات

(الف) کتب

انور سدید، پاکستان میں ادبی رسائل کی تاریخ

ارتضیٰ کریم، اردو صحافت کے دو سو سال۔ قومی کونسل برائے فروغ اردو زبان، نئی دہلی۔ 2017

جمیل اختر، اردو میں جرائد نسواں۔

محمد نعمان خان، بھوپال میں اردو انضمام کے بعد، ایجوکیشنل پبلشنگ دہلی، 2006

آمنہ تحسین، حیدرآباد میں اردو کا نسائی ادب، ایجوکیشنل پبلشنگ دہلی، 2017

نعیم طاہر، سیدہ محمدی بیگم۔

(ب) مقالات

Gail Minault, Women's Magazines in Urdu as source of

Muslim Social History (Indian Journal of Gender Studies 5:2, 1998)

Gail Minault, "Sayyid Mumtaz Ali and Huquq-un-niswan An Advocate of Women's Rights in Islam in the Late Nineteenth Century", Modern Asian Studies 24(1) 147-72

نور جہاں ثروت، اردو صحافت میں خواتین کا حصہ، مشمولہ، اردو صحافت ماضی اور حال، مرتبین: خالد محمود، سرور الہدیٰ۔ مکتبہ جامعہ، نئی دہلی

مرضیہ عارف، ہندوستان میں خواتین کی اردو صحافت، مشمولہ اردو صحافت دو سو سالہ یادگاری مجلہ، مرتبین سہیل انجم، معصوم مراد آبادی۔

داؤد عثمانی، ماہنامہ عصمت کے سو برس ایک مختصر جائزہ

(۳) اردو کی تین بھولی بسری خاتون صحافی اور قومی تحریک آزادی میں ان کی خدمات

ڈاکٹر اسعد فیصل فاروقی

اردو میں نسائی صحافت کا آغاز انیسویں صدی کے نصف آخر میں ہوتا ہے، جب آگرہ سے "مفید عام" نام کا پندرہ روزہ اخبار فروری 1869 میں احمد خاں صوفی کی ملکیت میں جاری ہوا۔ ایک عام معلوماتی اخبار ہونے کے باوجود، مفید عام اپنے دیگر ہم عصروں سے اس لئے منفرد تھا کہ اس نے اپنے آٹھ نکاتی مقاصد میں نسائی مضامین کو بھی ترجیحی بنیاد پر شائع کرنے کا اعلان کیا۔ پندرہ روزہ "مفید عام" کا تذکرہ اختر شاہنشاہی میں بھی درج ہے نیز علی گڑھ انسٹی ٹیوٹ گزٹ بابت 19/مارچ 1869 کے پرچہ میں بھی اس کا اشتہار شائع ہوا۔ اختر شاہنشاہی (1888) کے مطابق: "مدارس دختراں کے واسطے بہت عمدہ عمدہ مطالب و مضامین مفید عام لکھے جاتے ہیں، جس سے فی الواقع یہ اخبار اسم بامسمی ہو رہا ہے۔" مفید عام کی اشاعت کے پندرہ برس بعد 5/مارچ 1884 کو لکھنؤ سے مسیحی مشنری، پادری کریون نے "رفیق نسواں" کے نام سے ایک نسوانی رسالہ کی اشاعت کا آغاز کیا۔ اس کی مدیرہ مسز ہیڈلی تھیں اور یہ میتھوڈسٹ پبلشنگ ہاؤس سے شائع ہوتا تھا۔

اردو میں نسائی صحافت کی تاریخ کا مطالعہ یہ بتاتا ہے کہ انیسویں صدی کے آخر تک پورے ملک (ہند و پاک) سے جاری ہونے والے نسائی رسائل و جرائد کی تعداد جہاں صرف نو تھی، وہیں بیسویں صدی کے آغاز (1901) سے ملک کی آزادی (1947) تک

یہ تعداد سو سے زائد تجاوز کرچکی تھی۔ ان میں سے زیادہ تر کا مقصد خواتین میں تعلیم کو فروغ دیناا ور ان کی علمی، ادبی اور سماجی اصلاح کرنا تھا۔ اس زمانے کے چند اہم نسائی رسائل جرائد جنہوں نے خواتین کو نہ صرف متاثر کیا بلکہ سماج پر مثبت اثر ڈالا اور تبدیلی کی ایک روش ڈالی، ان میں شریف بیویاں (لاہور، 1893)، معلم نسواں (حیدرآباد دکن، 1894)، تہذیب نسواں (لاہور، 1898)، خاتون (علی گڑھ، 1904)، پردہ نشیں (آگرہ، 1906)، عصمت (دہلی، 1908)، ظل السلطان (بھوپال، 1913) وغیرہ شامل ہیں۔ یہ جرائد خواتین کے اندر سے اندھی تقلید اور بے جا رسم ورواج کو ختم کرنے میں بھی معاون بنے۔

ان جرائد نے خواتین قلم کاروں کے لئے ایک پلیٹ فارم بھی مہیا کیا، ان کے اندر بیداری پیدا کی، ان کی ادبی ترشحات اور تخلیقات کو جگہ دی اور، ان کے خیالات کو شائع کیا۔ ایسا نہیں اس دور میں خواتین سے متعلق جو جرائد جاری ہوئے، وہ سب کے سب موضوعاتی طور پر صرف تعلیمی، سماجی، مذہبی اور اصلاحی ہی تھے، بلکہ ان کے علاوہ بھی، بیسویں صدی کی پہلی نصف میں چند ایسے اختصاصی تحریکی جرائد جاری ہوئے، جو موضوع کے اعتبار سے کلی طور پر سیاسی تھے اور جن کا مقصد خواتین میں سیاسی شعور پیدا کرنا اور قومی تحریک آزادی کے جذبے کو پروان چڑھانا تھا۔ البتہ ایسے جرائد اور ان کے مالکان اور مدیروں کو حکومت کا عتاب ضرور جھیلنا پڑا۔

ہندوستان کی جدوجہد آزادی میں جہاں مردوں نے اہم کردار ادا کیا، وہیں خواتین نے بھی شانہ بشانہ ان کا ساتھ دیا۔ بیگم حضرت محل (1820-1879) ہوں یا رانی لکشمی بائی (1828-1856) یا پھر بی اماں (1850-1924) ہوں یا نشاط النساء بیگم (1884-1937)، ایسی خواتین مجاہدین آزادی کی ایک لمبی فہرست ہے، جنہوں

نے مردانہ وار طریقہ سے ہندوستانی جنگ آزادی میں میں حصہ لیا۔

تاریخ صحافت کا مطالعہ یہ بتاتا ہے کہ تحریک آزادی میں مردوں کے ساتھ اردو کی ایسی خاتون صحافیوں، قلم کاروں اور ادیبوں کا بھی حصہ رہا ہے، جنہوں نے اپنے قلم سے مختلف اردو اخبارات اور رسائل میں سیاسی و سماجی مسائل اور جنگ آزادی کے تناظر میں قومی سیاست پر مضامین تحریر کئے اور اپنے تخلیقی فن پاروں میں بھی انگریزی راج کے ظلم و ستم اور استبدادی رویہ کو گفتگو کا موضوع بنایا۔ ان میں چند اہم نام نذر سجاد حیدر(1894-1967)، زخ شروانیہ(1894-1922)، رشید جہاں (1905-1952)، عصمت چغتائی(1915-1991)، وغیرہ ہیں۔ اس طرح ان خواتین قلم کاروں اور صحافیوں نے ہندوستانی جنگ آزادی کی تحریک میں اپنا بھرپور تعاون پیش کیا۔

تحریک آزادی کے دوران چند خواتین مجاہدین آزادی ایسی بھی تھیں، جنہوں نے خود کے اپنے سیاسی اور تحریکی جرائد جاری کئے اور ان کے وسیلے سے خواتین کے اندر تعلیمی، سماجی اور سیاسی شعور اور قومی یکجہتی پیدا کرنے کی کوشش کی۔ لیکن عام طور پر لوگوں کو ان کے اور ان کی خدمات کے بارے میں واقفیت نہیں ہے یا کم ہے۔

اس تحقیقی مقالہ میں ایسی ہی تین بھولی بسری مسلم خواتین مجاہدین آزادی اور ان کی صحافت پر گفتگو کی جائے گی، جن کی ادارت میں سیاسی جرائد اردو میں جاری ہوئے۔ ان جرائد کے وسیلے سے انہوں نے تحریک آزادی کے مشن کو آگے بڑھایا، عورتوں میں خود اعتمادی پیدا کی، ان کے اندر سماجی مسائل سے نبرد آزما ہونے کا شعور بھی پیدا کیا، ان کو قومی یکجہتی اور امن کا پیغام دیا اور ان کو ان کی قومی ذمہ داری اور فرائض کا احساس دلایا۔'

ان اخبارات و رسائل نے آزادی کے بعد کے نئے ہندوستان میں خواتین کو کس طرح کی ذمہ داری اداکرنی ہے اس پر بھی گفتگو اور مباحثہ کیا۔ ان خواتین میں بیگم

خورشید خواجہ(1981-1894) جو معروف کانگریسی لیڈر عبدالمجید خواجہ(-1885 1964) کی زوجہ تھیں، نے علی گڑھ سے 1920 میں ہفت روزہ "ہند" جاری کیا۔ کلثوم سایانی(1987-1900) کی ادارت میں 0194 میں بمبئی سے ہفت روزہ "رہبر" نکلا۔ اور ہاجرہ بیگم(2003-1910) نے 1945 میں ماہنامہ "روشنی" اپنی ادارت میں بمبئی سے جاری کیا۔

یہاں یہ بھی واضح کردینا ضروری ہے کہ تاریخ اردو صحافت کے متعلق اب تک جو تحقیقی کام ہوئے ہیں، ان میں مذکورہ تینوں جرائد ورسائل کے بارے میں تذکرہ نہیں ملتا۔ تاریخ اردو صحافت کے محققین بشمول امداد صابری، عتیق صدیقی، اورڈاکٹر عبدالسلام خورشید نے بھی اپنے تحقیقی کاموں میں ان جرائد کو موضوع گفتگو نہیں بنایا ہے۔ البتہ پروفیسر عابدہ سمیع الدین (ہندوستان کی جنگ آزادی میں مسلم خواتین کا حصہ، پٹنہ 1990)اور ڈاکٹر جمیل اختر (اردو میں جرائد نسواں کی تاریخ، 2016) نے ثانوی ماخذ کو بنیاد بناکر ہفت روزہ "ہند" کا رسمی تذکرہ تو کیا ہے، لیکن ان کے یہاں "رہبر" اور "روشنی" کے بارے میں کوئی گفتگو نہیں ملتی۔ ذیل کی سطور میں ان تین گمنام خواتین مجاہدین آزادی کی قومی اور صحافتی خدمات کا معروضی محاکمہ ان کی ادارت میں جاری ہوئے جرائد کے حوالے سے پیش کیا جارہا ہے، تاکہ قارئین کو ان خواتین صحافیوں کی جنگ آزادی میں کردار کے بارے میں معلوم ہوسکے۔

بیگم خورشید خواجہ اور ان کا اخبار ہفتہ وار "ہند":

بیگم خورشید خواجہ ہماری جدوجہد آزادی کا ایک نمایاں چہرہ تھیں۔ وہ 1894 میں نواب سربلند جنگ حمید اللہ خاں کے یہاں حیدرآباد دکن میں پیدا ہوئیں۔ ان کی شادی ممتاز آزادی پسند اور قوم پرست رہنما عبدالمجید خواجہ سے ہوئی تھی۔ عبدالمجید خواجہ نے

نو آبادیاتی حکومت کے خلاف گاندھی جی کی عدم تشدد کی مزاحمت کی فعال حمایت کی تھی۔ بیگم خورشید خواجہ نے اپنے شوہر کے ساتھ جدوجہد آزادی میں بڑھ چڑھ کر حصہ لیا۔ انہوں نے علی گڑھ سے ایک اردو ہفتہ وار "ہند" جاری کیا تاکہ مسلم خواتین کو جدوجہد آزادی میں حصہ لینے اور ہندو مسلم اتحاد کو مضبوط کرنے کی ترغیب دی جاسکے۔

علی گڑھ میں انہوں نے آزادی کی جدوجہد، خاص طور پر سودیشی تحریک میں بھی جوش و خروش سے حصہ لیا، اور 1920ں علی گڑھ میں کھادی بھنڈار بھی قائم کیا تھا۔ وہ 1920 میں آل انڈیا کانگریس کی رکن بنیں اور تاحیات اس ممبر شپ کو برقرار رکھا۔ 1921 میں، انہوں نے آل انڈیا نیشنل کانگریس کی سبجیکٹ کمیٹی میں یوپی کی نمائندگی کی۔ انہوں نے مسلمانوں میں لڑکیوں کی تعلیم کے فروغ کے لیے بھی انتھک کوششیں کیں اور 1932 میں الہ آباد میں حمیدیہ پرائمری اسکول قائم کیا، جو 1975 میں حمیدیہ ڈگری کالج بن گیا۔ بیگم خورشید خواجہ کا انتقال جولائی 1981 کو ہوا۔

ہفتہ وار ہند کی ادارت:

ہفتہ وار 'ہند' ایک اہم قوم پرست اردو اخبار تھا، جو جدوجہد آزادی کے پس منظر میں شائع ہوتا تھا۔ یہ اپنی نوعیت کا پہلا ایسا سیاسی اخبار تھا، جسے ایک مسلمان خاتون بیگم خورشید خواجہ نے ایڈٹ کیا تھا۔ اس ہفتہ وار نے خواتین میں علمی بیداری کے ساتھ ساتھ ہندوستان کی جنگ آزادی میں ہندوستانی مسلم خواتین کی رائے کو ہموار کرنے میں بھی اہم کردار ادا کیا۔ انہوں نے اس اخبار کے وسیلے سے مسلم خواتین کو آزادی کی تحریک میں حصہ لینے کا موقع فراہم کیا اور یہ بتایا کہ وہ اس اخبار کے وسیلے سے اپنے قومی احساسات اور جذبات کو پیش کر سکتی ہیں۔ اس اخبار میں اور خواتین کی تعلیم اور ان کو بااختیار بنانے پر بھی توجہ دی گئی۔ یہ 16 صفحات پر مشتمل ہوتا تھا، اور اس میں مضامین اور خبریں تین

کالم میں درج ہوتی تھیں مطبع ملیہ میں باہتمام علی محمد خاں چھپتا اور دفتر ہند سے سعید الدین خاں پبلیشر شائع کرتے تھے۔ اس اخبار کی قیمت سالانہ چھ روپیہ اور سہ ماہی دو روپیہ تھی۔

ہفتہ وار "ہند" کا سرورق دو حصوں میں منقسم ہوتا تھا، اوپر کا نصف حصہ یعنی ماسٹ ہیڈ ٹائٹل سے مزین ہوتا تھا۔ ٹائٹل میں ہندوستان کا نقشہ اور دائیں بائیں (گجرات اور آسام) حصہ میں کانگریس کا نقشہ مع چرخہ چھپا ہوتا تھا نیز پیٹ میں جلی حروف میں اخبار کا نام 'ہند' اور اس کے اوپر 'اللہ اکبر' درج ہوتا تھا نیز اس سے اوپر سورج کی شعاعیں نکلتی ہوئی دکھائی جاتی تھیں۔ اس کے علاوہ اوپر دائیں اور بائیں دونوں کناروں پر علامہ اقبال کے یہ اشعار درج ہوتے تھے۔ ع

خدا نے آج تک اس قوم کی حالت نہیں بدلی
نہ ہو جس کو خیال آپ اپنی حالت کے بدلنے کا
مذہب نہیں سکھاتا آپس میں بیر رکھنا
ہندی ہیں ہم وطن ہیں ہندوستاں ہمارا

سرورق کے نیچے کے حصے میں آزادی کے متوالوں کی نظم پیش کی جاتی تھی، دراصل ہفت وار ہند یک سیاسی اخبار تھا جس کا مقصد خواتین میں سیاسی اور علمی بیداری کو تحریک دینا اور ان کو عالمی طور پر ہونے والی سیاسی سرگرمیوں سے آگاہ کرنا تھا نیز ان کے اندر جدوجہد آزادی کے تئیں جذبہ بیدار کرنا تھا۔ اخبار کے صفحات پر مردوں کے ساتھ ساتھ خواتین کی سیاسی قلمی کاوشیں جابجا دیکھنے کو ملتی تھیں، جن کو "عالم نسواں" کے عنوان سے ایک علیحدہ گوشے میں بڑی خوبصورتی سے پیش کیا جاتا تھا۔ نیز یہ اخبار دیگر قومی اخباروں اور رسائل سے بھی سیاسی مضامین اخذ کرتا تھا مثلاً مسلم آؤٹ لک، لاہور، جوہر،

زمانہ، کانپور، ہمدم، وکیل وغیرہ۔

"ہند" کے اولین جلد کے شمارہ نمبر 16 بابت 27 ستمبر 1922 میں جو مشمولات درج ہیں ان میں افادات آزاد (نظم مولانا آزاد سبحانی)، ایڈیٹوریل: مشرق قریب، انور پاشا، انگورہ کی فوجی مدد، اکالی سکھ، ہمارے اعتدال پسند، مولانا رشید احمد صاحب کی وفات (خورشید خواجہ)، کوائف، عالم نسواں: بہنوں سے دو دو باتیں، زنانہ دعا و نماز شکریہ سولن میں (نذر سجاد حیدر)، سوراج کب ملے گا (رضویہ خاتون)، 'اوبرا مر گاؤ' یوروپ کی عیسائیت سے وابستگی کا خلوص (م۔ح۔ف)، اصلی اور نقلی مجنوں، باسفورس اور درہ دانیال کی آزادی، رئیس وفد عرب فلسطین کا خط عالی جناب سیٹھ چھوٹانی کے نام، ایڈیٹر چہرہ نما (فارسی اخبار) سے ملاقات (مسلم آؤٹ لک لاہور، بحوالہ کانگرس)، یونانی مظالم کی دردناک داستان (ایک فرانسیسی جریدہ نگار کے قلم سے، بحوالہ زمانہ)، غازی مصطفے کمال پاشا اور درہ دانیال و شاح زریں (بحوالہ ہمدم)، ہندوستان کی مشہور درسگاہیں (جناب سعید متعلم تاریخ، بحوالہ جوہر)، بعد از انکشاف (بحوالہ وکیل) صلح جویوں کی آزمائش، انقلاب امریکہ پر ایک اجمالی نظر مصطفے کمال پاشا، تازہ خبر، بلوہ ملتان مراسلات، مکتبہ جامعہ ملیہ علی گڑھ، اشتہارات

اسی طرح جلد 1 شمارہ 28 بابت 20 دسمبر 1922 میں درج تحریروں کے عناوین یہ ہیں: نظم (رشحات جوہر)، اڈیٹوریل، برقیات، عالم نسواں، شری متی پاربتی ہندوستانی خاتون پر زور، شری متی پاربتی جی کا پر جوش تحریری بیان، مسئلہ مشرق قریبہ، ہندوستان کا دور جدید، اقتباسات

ہفتہ وار "ہند" کے 27 ستمبر 1922 کے پرچے میں 'افادات آزاد' کے عنوان سے مجاہد آزادیمولانا آزاد سبحانی (1884-1957) کی نظم شائع ہوئی، جس کو ذیل میں

درج کیا جارہا ہے:

کبھی یہ گھر بھی تھا آباد یعنی عشق کا گھر تھا
تمھیں تم دل میں تھے اور غیر یعنی میں بھی باہر تھا
خوشا ایام وصل و کامرانی جب کہ جان من
ترا در تھا میرا سر تھا ترا سر تھا مرا در تھا
گرا قصر تمنا ایک آہِ نامرادی میں
جو قصر آہنیں سمجھا گیا تھا ریت کا گھر تھا
حریفو خوش نہ ہو یہ گردش چشم زمانہ ہے
کبھی اس آستان ناز پر اپنا بھی بستر تھا
مبارک تم کو عیش و کامرانی اہل خوش بختی
گوارا کر لیا ہم نے بھی جو اپنا مقدر تھا
گل افتادہ رکھ کر سامنے بلبل یہ کہتی تھی
ابھی یہ نو بلا دیدہ ذرا پہلے گل تر تھا
ہوس کاری نے کھو دی آبروئے عشق دنیا سے
یقین مانو مقام عشق اس سے پہلے برتر تھا
جہان دل کی قطع راہ اک تفسیر وحدت تھی
کہ دل ہی راہ تھا رہرو تھا اور رہرو کا رہبر تھا
کہاں تک کوئی سنتا سننے والے تھک اٹھے آخر
ترا آزاد اک حرف الم طومار دفتر تھا

پرچے کے اڈیٹوریل اور مضامین کو پڑھ کر مدیرہ کی سیاسی فہم و درک کا اندازہ بخوبی

کیا جاسکتا ہے کہ خورشید خواجہ نہ صرف ایک قوم پرست بلکہ ایک منجھی ہوئی سیاست داں تھیں اور اپنے وقت کے قومی اور بین الاقوامی واقعات پر ان کی گہری نظر بھی تھی۔ ایک ایسے ہی اداریہ میں مدیرہ 'ہمارے اعتدال پسند' کے عنوان سے اعتدال پسندوں کی ایک میٹنگ پر تبصرہ کرتی ہوئی لکھتی ہیں:

"ہندوستانی کونسل کی نیابت اس وقت جن صاحبان ہوش وخرد کے ہاتھوں میں ہے ان کی صحت رائے کے متعلق تو یہ تاویل ہو سکتی ہے کہ وہ ہم سے ایک اصولی اختلاف رکھتے ہیں لیکن جب ان کے کاروائیوں کو دیکھا جاتا ہے اور اس میں بھی ان قابل ذکر امور پر خیال کیجیئے جو ایک سچے ہندوستانی کے لیے یقیناً قابل افسوس ہیں تو ہم کو بھی ان کی حالت زار اور اپنی بد قسمتی پر رنج ہوتا ہے گزشتہ ہفتہ میں مسلمانان ممبران کونسل کا ایک وفد وایسرائے کی خدمت میں مسلمان ترکی کی حمایت میں گیا جس میں جناب وائسرائے سے برطانوی ڈاکخانہ کا کام لیا گیا تھا یعنی جو کچھ ان سے کہا جائے وہ انگلستان کی وزارت تک پہنچا دیں۔ ہم کو اس طریق عمل سے چنداں بحث نہیں لیکن جو کچھ ان صاحبوں نے مطالبات کیے تھے ان میں وہ دانیال کا بین الاقوامی ہو جانا بھی بطور ایک امر منظور شدہ کے قرار دیا گیا تھا جس کو اگر چہ مصطفے کمال پاشا کی طرف سے یا ترکی کی حکومت کی جانب سے کبھی تردید نہیں ہوئی لیکن مسلمانان ہندوستان نے جو کہ کبھی بھی پسند نہیں کیا۔ ایسی حالت میں ہندوستانی مسلمانوں کی نیابت ان صاحبوں کی زبان سے ایسا ہے جیسا کہ فلسطین کا کوئی یہودی اس ملک کی طرف سے وفد لے کر مسٹر لائڈ جارج سے عرض معروض کرے۔

اس ہی ہفتہ میں سر ولیم ونسنٹ کو ہندوستانی ممبروں کے جانب سے ایک الوداعی ڈنر دیا گیا اور سر ڈنشا واچا مشہور حب وطن تقریباً جو پچاس سال سے کانگریس کی خدمت کرتے رہے ہیں اس کے صدر تھے جناب کے سن وسال نے جس طرح ان کے سیاسی

خیالات کو نیم مردہ اور ان کی فہم و فراست کو ہضم کر لیا ہے اس طرح معلوم ہوتا ہے کہ جذبہ وطن پرستی بھی شاید اب ختم ہونا چاہتا ہے ورنہ سرولیم کی تعریف میں آپ نے جو بے تان کی اڑائی وہ شاید کبھی بھی سنائی نہ دیتی تھی۔ حقیقت یہ ہے کہ سرولیم کی ان تقاریر کے بعد جو انہوں نے مولانا محمد علی اور مہاتما گاندھی کی ذات کے متعلق کونسل میں کی ہیں کسی ہندوستانی کا ان کی عزت کرنا خود اپنی عزت کو کھوٹے داموں میں فروخت کرنا ہے اور ہم محو حیرت ہیں کہ ان ہندوستانی ممبران کونسل کو کیا کہیں جو شملہ کی چوٹیوں پر سرولیم کی ہوا خوانی کے لیے طبع (جمع) ہوئے اور خود اپنی عزت اور ہندوستان کی لاج کا پاس نہ کیا۔

بیجا باش و ہرچہ خواہی کن!" (ص 3)

جیسا کہ اس ہفت روزہ کا ایک مقصد خواتین کے اندر بھی سیاسی فہم و شعور اور جدوجہد آزادی کا جذبہ بیدار کرنا تھا اسی وجہ سے مدیرہ 'عالم نسواں' کے گوشے کے تحت 'بہنوں سے دو دو باتیں' کے عنوان سے خواتین کی سیاسی سرگرمیوں کے بارے میں مطلع کرتی اور ان کو سیاسی سرگرمیوں میں حصہ لینے کے لئے شوق اور حوصلہ دلاتیں تاکہ ہماری خواتین قومی سیاست سے متعلق مضامین لکھنے کے لئے آمادہ ہو سکیں، مدیرہ 27 ستمبر 1922 کے پرچے میں 'دو دو باتیں کے تحت رقمطراز ہے:

"اس عرصہ میں اگرچہ عدم موجودگی کی وجہ سے اخبار اور بالخصوص عالم نسواں پر اس قدر توجہ نہ کر سکی جیسی کہ ضرورت تھی لیکن یہ سمجھتی تھی کہ فتح سمرنا کی خوشی میں اکثر مضامین بہنوں کے موصول ہوں گے اور بالخصوص نظمیں اس لیے کہ اس سے قبل خلاف توقع اکثر نظمیں آتی تھیں لیکن اس مرتبہ ایسا نہ ہوا۔

آیندہ ہفتہ میں ملک کے مسلمہ لیڈر مہاتما گاندھی کے سالگرہ اگرچہ میری غیر

حاضری کے سبب خاص نمبر کا انتظام دشوار ہے لیکن چاہتی ہوں کہ بہنیں ضرور اپنے صفحات کے لیے مہاتما کی سالگرہ کی تقریب میں خاص مضامین عنایت کریں اگرچہ مہاتما گاندھی کے احسانات تمام عالم پر ہیں اور ہندوستان کا توکہ دمہ ان سے واقف ہے لیکن طبقہ نسواں بالخصوص ان کا ممنون احسان ہے۔

اخبار انڈپنڈنٹ الہ آباد کی حق پسندی نے شیخ مبشر حسین صاحب قدوائی کی تجویز حمایت انگورہ کو عملی جامہ پہنایا ہے اور اخبار موصوف نے تجویز کیا ہے کہ ایک مختصر فوج ہندوستانی مسلمانوں کے ترکوں کی مدد کے لیے روانہ کی جائے، اس سلسلہ سے بڑی مسرت ہوئی جب یہ دیکھا کہ ہماری دو بہنوں یعنی بیگم قدوائی اور ان کی صاحبزادی نے بھی اپنے نام اس فوج میں بہ حیثیت نرس دیے ہیں۔ اس اعلان کو بلاشبہ ہماری جدید قومی تاریخ میں ایک نایاب سمجھنا چاہیے۔" (مدیرہ) (صفحہ 6)

ڈاکٹر عابدہ سمیع الدین اپنی کتاب 'ہندوستان کی جنگ آزادی میں مسلم خواتین کا حصہ' میں 'ہند' کو ہفت روزہ اخبار کے بجائے ماہانہ جریدہ لکھا ہے جو غلط ہے، دراصل ان کی رسائی اصل اخبار تک نہ ہو سکی تھی بلکہ ان کی اس معلومات کا ماخذ پروفیسر جمال خواجہ کا خط تھا۔ڈاکٹر عابدہ سمیع الدین رقمطراز ہیں:

"انہوں نے علی گڑھ میں ایک کھادی بھنڈار بھی قائم کیا اور 1921 میں علی گڑھ سے ہی 'ہند' نام کا ایک ماہانہ جریدہ بھی شروع کیا جس کی ادارت کے فرائض بھی انہوں نے خود ہی انجام دئے اپنے ایک پوسٹ کارڈ میں گاندھی جی نے انہیں لکھا تھا کہ وہ انہیں اردو میں اپنا سب سے پہلا خط لکھ رہے ہیں۔" (ہندوستان کی جنگ آزادی میں مسلم خواتین کا حصہ، ڈاکٹر عابدہ سمیع الدین، ادارہ تحقیقات اردو پٹنہ، ص 161)

امۃ الحمید خانم مرزا اپنے مضمون 'زنانہ اخبارات و رسائل' میں اس اخبار کا تذکرہ

کرتے ہوئے رقمطراز ہیں:

"ہند سیاسی ہفتے وار اخبار محترمہ خورشید خواجہ صاحبہ کی ایڈیٹری میں علی گڑھ سے نکلنا شروع ہوا تھا۔ سال بھر بعد اشاعت کا انتظام ٹھیک نہ ہونے کی وجہ سے بند ہو گیا۔ سنا تھا پھر جاری ہو گا۔ معلوم نہیں کہاں تک ٹھیک ہے۔ سالانہ چندہ چھ روپے۔ خبریں، ایڈیٹوریل اور مضامین زیادہ ہوتے تھے۔ دو صفحے عالم نسواں کے عنوان سے نسوانی مضامین کے لیے مخصوص تھے جو خواتین کی عنایت سے بہ مشکل پر ہوتے تھے۔"(تہذیب نسواں، لاہور 20 دسمبر 1923، ص 839)

قومی جنگ آزادی سے متعلق علی گڑھ سے جاری ہونے والے رسائل و اخبارات میں ہفت روزہ 'ہند' کا شمار ایک اہم نیشنلٹ کے اخبار کے طور پر ہوتا ہے جس نے گاندھی جی کی سرپرستی میں آزادی کی تحریک کے لئے عوامی رائے بنانے میں نہ صرف اہم کردار ادا کیا بلکہ خواتین کی حصے داری کو بھی ممکن بنایا اور ان کے خیالات اور آراء کو بھی فوقیت سے شائع کیا۔

کلثوم سایانی اور ان کا پندرہ روزہ اخبار "رہبر":

ہندوستان کی جدوجہد آزادی کی گمنام خواتین میں کلثوم سایانی (1900-1987) کا نام بھی شامل ہے۔ وہ گاندھی جی کے قریبی رفیق اور ذاتی معالج ڈاکٹر رجب علی پٹیل کی بیٹی تھیں۔ ڈاکٹر رجب علی پٹیل کا تعلق مسلمانوں کے سنی خوجہ جماعت سے تھا۔ کلثوم سایانی کی پیدائش 21 اکتوبر 1900 کو ہوئی۔ ان کا خاندان قومی سرگرمیوں کے لئے ممتاز تھا اس وجہ سے وہ بھی بچپن سے ہی قوم پرستانہ اور سماجی سرگرمیوں میں حصہ لینے لگی تھیں۔ ان کی شادی ڈاکٹر جان محمد سایانی سے ہوئی تھی جو کہ انڈین نیشنل کانگریس کے صدر رحمت اللہ سایانی (1847-1902) کے بھتیجے تھے۔

ڈاکٹر سایانی خود بھی قومی تحریک میں معاون ہونے کے ساتھ ساتھ آل انڈیا خلافت کمیٹی کے معالج خصوصی بھی تھے۔ انہوں نے کلثوم سایانی کو بھی قومی، سیاسی اور سماجی کاموں میں حصہ لینے کا حوصلہ دیا۔ کلثوم سایانی نے تعلیم خصوصی طور پر تعلیم بالغان میں اپنی دلچسپی کی جہ سے اپنا زیادہ تر وقت بمبئی کے لوگوں کو چرخہ کلاسس میں حصہ لینے کی ترغیب دینے کے لئے وقف کیا۔ وہ 1930 میں یونٹی کلب کی سکریٹری مقرر ہوئیں، جس کا مقصد عوامی شعور کو بیدار کرنا تھا۔ انہیں 1938ں کانگریس حکومت کی جانب سے قائم کردہ پہلی قومی پلاننگ کمیٹی کی خاتون رکن کے طور پر نامزد کیا گیا، انہوں نے اس موقع کا بہترین استعمال کیا اور خواتین کو باختیار بنانے کی سمت میں اہم اقدامات اٹھائے۔

انہوں نے گھریلو تعلیم کی اسکیم تیار کی اور مسلم خواتین کے درمیان کام کرنا شروع کیا۔ بیگم کلثوم سایانی نے بمبئی میں بی جی کھیر (1888-1957) کی قیادت میں قائم 1937 کی حکومت میں تعلیم بالغان کی جو کمیٹی بنی تھی وہ پہلے اس کی رکن کے طور پر نامزد کی گئیں اور بعد میں اس کی نائب صدر کے عہدے پر بھی فائز ہوئیں۔ وہ ہنسہ مہتا (1897-1995) کی گرفتاری کے بعد آل انڈیا ویمنس کانفرنس کی 1943 میں ایکٹنگ جنرل سکریٹری مقرر ہوئیں اور 1944 تا 1946 کے درمیان انہوں نے باقاعدہ جنرل سکریٹری کی حیثیت سے کام کیا۔ وہ انڈین ایڈلٹ ایجوکیشن ایسوسی ایشن، نئی دہلی کی آغاز سے ممبر تھیں۔ اس کے علاوہ وہ ہندوستانی پرچار سبھا کی بھی شروع سے ہی ممبر رہیں، جس کے تحت انہوں نے متعدد تعلیمی لیکچر اور سمیناروں کا انعقاد کیا۔ اور اس طرح انہوں نے گاندھی جی کے مشن کو آگے بڑھایا۔

کلثوم سایانی نے آزادی کے بعد نئے ہندوستان کی تعمیر وترقی میں ایک سرگرم کردار ادا کیا۔ حکومت نے بھی ان کی صلاحیتوں کو دیکھتے ہوئے ان کو کئی کمیٹیوں اور اداروں میں

ممبر کی حیثیت سے جگہ دی، مثلاً جسٹس آف پیس، بچوں کی عدالت کی آنریری مجسٹریٹ، سینٹرل ایڈوائزری بورڈ آف ایجوکیشن، قومی یکجہتی کانفرنس، ریڈیو ایڈوائزری بورڈ، بمبئی اور فلم سنسر بورڈ بمبئی۔ اس کے علاوہ انہوں نے تعلیم بالغان سے متعلق کئی بین الاقوامی کانفرنسوں اور ورکشاپس میں شرکت کی۔ وہ یونسکو کی تعلیم بالغان کی مشاورتی کمیٹی میں ہندوستانی کی نمائندہ تھیں۔ بیگم سایانی کو 1959 میں حکومت ہند نے پدم شری ایوارڈ سے نوازا اور 1969 میں انڈین ایڈلٹ ایجوکیشن ایسوسی ایشن کی جانب سے ان کو نہرو لٹریسی ایوارڈ سے نوازا گیا۔ بیگم سایانی کا انتقال 28 مئی 1987 کو چھیاسی برس کی عمر میں ہوا۔

رہبر کا اجراء:

سن 1940 میں انہوں نے سادہ ہندوستانی میں ایک پندرہ روزہ اخبار "رہبر" جاری کیا۔ رہبر کے زیادہ تر مضامین سماجی، تعلیمی، اصلاحی اور سیاسی ہوتے تھے اس کا مقصد وہ لوگ جو نئے پڑھے لکھے ہیں، ان کو ہندوستانی زبان میں تعلیم دینا تھا۔ یہ ایک قوم پرست اخبار تھا اور یہ اردو کے علاوہ دیو ناگری اور گجراتی رسم الخط میں بھی شائع ہوتا تھا۔ 16 جنوری 1945 کو لکھے گئے خط میں گاندھی جی نے سایانی کو بیٹی کلثوم کے نام سے مخاطب کیا اور ان کے پندرہ روزہ اخبار کی تعریف کی۔

انہوں نے لکھا: "مجھے رہبر کا ہندی اور اردو کو متحد کرنے کا مشن پسند ہے، میں اس کی کامیابی کے لئے دعا گو ہوں"۔ 1942 میں سینکڑوں مجاہدین آزادی جو کہ سیاسی قیدی کے طور پر ملک بھر کے جیلوں میں بند تھے، رہبر کا مطالعہ کرتے تھے۔ اس زمانے میں اس نے مختلف زبان بولنے والے سیاسی قیدیوں کو ہندوستانی زبان کی تعلیم دی۔ کلثوم سایانی نے پندرہ روزہ رہبر کو 20 برس 1940 تا 1960 تک جاری رکھا اور وہ پوری طرح

اس کی ادارت میں منسلک رہیں۔ رہبر کے وسیلے سے انہوں نے گاندھی جی کے ہندوستانی زبان کے نظریہ کو فروغ دیا۔ اس کے ساتھ ساتھ انہوں نے تعلیم بالغان کے مشن کو بھی پروان چڑھانے میں اہم کردار ادا کیا۔

راقم الحروف کو پندرہ روزہ "رہبر" کی جلد 7 نمبر 15، 15 فروری 1947 کے پرچے کا پہلا صفحہ ردی کی دوکان سے حاصل ہوا۔ اس کے سرورق کا جائزہ لینے پر یہ معلومات حاصل ہوتی ہے کہ یہ رسالہ دو کالموں میں ٹیبلائیڈ شکل میں چھپتا تھا۔ جس کی قیمت فی پرچہ ڈیڑھ آنہ تھی۔ سرنامہ پر 'بالغوں کا پندرہ روزہ اخبار' اور پھر اس کے ذیل میں جلی حروف میں ٹائیٹل 'رہبر' درج ہے۔ اس کا مقصد نو آموز بالغوں میں تعلیمی اور سیاسی شعور کو پروان چڑھانا تھا۔ رہبر کے مضامین ہلکے پھلکے ہوتے تھے اور ان کی زبان آسان ہندوستانی ہوتی تھی۔

مذکورہ پرچہ کا جائزہ لینے پر یہ پتا چلتا ہے، کہ اخبار کا آغاز 'نیک بات' کی سرخی سے ہوتا ہے، جس کے تحت یہ حدیث درج ہے 'عالم کی سیاہی کی بوند شہیدوں کے خون کے برابر ہے'۔ اس کے بعد اپنی باتیں کے تحت قومی، سیاسی، اور سماجی خبریں درج ہیں۔ بیرسٹر آصف علی کے امریکہ میں پہلا سفیر مقرر ہونے کی خبر ہے نیز مولانا ابوالکلام آزاد کے وزیر تعلیم مقرر کئے جانے پر خوشی کا اظہار کیا گیا ہے۔ ایک خبر سبھاش چندر بوس کے جنم دن پر لوگوں کی ہلڑ بازی پر ہے اور اس پر سخت اعتراض جتایا گیا ہے۔ بمبئی میں ہوئے فساد پر بھی ایک خبر ہے، جس پر افسوس کا اظہار کیا گیا ہے۔ اخبار میں خواتین کی اصلاح کے لئے مضامین بھی شامل ہیں۔

ہاجرہ بیگم اور ان کا ماہنامہ "روشنی":

ہاجرہ بیگم (1910-2003) کا تعلق رامپور کے ایک معروف خانوادے سے تھا۔

ان کی پیدائش سہارنپور میں 24 دسمبر 1910 کو ہوئی۔ والد ریاست رام پور میں نائب تحصیلدار تھے۔ والدہ کا انتقال بچپن میں ہوا۔ ابتدائی روایتی تعلیم گھر پر ہوئی 1926 میں کوئینز میری کالج، لاہور سے میٹری کولیشن کیا۔ پہلی شادی خاندان میں ہوئی لیکن شوہر سے نبھی نہیں اور انہوں نے 1932 میں طلاق لے لی۔ 1933 میں وہ اپنے دو سالہ بیٹے کے ساتھ لندن گئیں جہاں انہوں نے مانٹی سوری کالج ٹیچرس کا ڈپلومہ حاصل کیا۔ لندن میں وہ سجاد ظہیر (1899-1973) اور دیگر ہندوستانی طلباء کے ساتھ کمیونسٹ تحریک سے وابستہ ہو گئیں اور فاشزم اور جنگ کے خلاف کام کیا۔

واپس آنے کے بعد وہ کرامت حسین کالج، لکھنؤ میں ٹیچر انچارج کی حیثیت سے منسلک ہو گئیں جہاں ان کا تقرر ٹیچر انچارج جونیر اسکول ہوا۔ لکھنؤ میں ہی انہوں نے سجاد ظہیر کے ساتھ ترقی پسند مصنفین کی پہلی کانفرنس کے انعقاد کے لئے کام کیا۔ اس دوران وہ کمیونسٹ پارٹی کے لئے پی سی جوشی (1907-1980) کے ساتھ بھی انڈر گراؤنڈ کام کرتی رہی تھیں۔ 1935 میں ہی انہوں نے معروف کمیونسٹ لیڈر زیڈ اے احمد (1908-1999) کے ساتھ دوسری شادی کی۔ یہ شادی سجاد ظہیر کے مکان پر ہوئی۔ شادی کے فوراً بعد دونوں نے الہ آباد میں کمیونسٹ پارٹی کے لئے کام کرنا شروع کیا۔ ہاجرہ احمد نے پارٹی کے حکم سے انڈین نیشنل کانگریس اور سوشلسٹ پارٹی کی رکنیت بھی حاصل کی۔

اس دوران وہ کمیونسٹ پارٹی کی سرگرم ممبر کے طور پر بھی خفیہ طور پر کام کرتی رہیں۔ اس خفیہ کام کرنے والوں کی ٹیم میں زیڈ اے احمد اور کنور محمد اشرف (1903-1962) بھی شامل تھے۔ 1936 میں انہوں نے کانگریس کے ماس کانٹیکٹ پروگرام کے تحت خصوصی طور پر خواتین کے لئے کام کیا اور 1937 کے ضمنی انتخابات میں سرگرم

رول ادا کیا۔ وہ کانگریس کے فیض پور، ہری پور اور رام نگر کے اجلاسوں میں بھی شریک ہوئیں۔ 1940 میں ہاجرہ بیگم اور زیڈ اے احمد کانگریس سے علیحدہ ہوگئے اور کمیونسٹ پارٹی میں شامل ہوگئے۔

ہاجرہ بیگم نے 1940 میں آل انڈیا وومینس کانفرنس کی آرگنائزنگ سکریٹری کے طور بھی خدمات انجام دی۔ وہ کمیونسٹ پارٹی کے ہفتہ وار اخبار "قومی جنگ" کی مستقل مضمون نگار تھیں۔ انہوں نے اس دوران ٹریڈ یونین تحریکوں اور خواتین کی تنظیموں میں نمایاں کام کیا، قومی یکجہتی اور امن پروگراموں میں بڑھ چڑھ کر حصہ لیا نیز پنڈت سندر لال کی رہنمائی میں امن دستوں میں شامل ہوکر فرقہ وارانہ فسادات ختم کرانے میں بھی نمایاں کردار ادا کیا۔

آزادی سے قبل اور بعد میں ملک میں پیدا ہوئے فرقہ وارانہ حالات کا انہوں نے ڈٹ کر مقابلہ کیا اور پنجاب اور سرحدی علاقوں میں ہونے والے فرقہ وارانہ فسادات کے تدارک کے لئے دیگر خواتین کے ساتھ دورے کئے، علاقائی امن کمیٹیاں قائم کیں اور آپسی بھائی چارے کو قائم کرنے میں اہم کردار ادا کیا۔ اس دوران انہوں نے ہندوستان اور پاکستان میں پھنسی ہوئی خواتین اور بچیوں کی حفاظت کے ساتھ بازیابی کروائی اور ان کو ان کے خاندان والوں تک بحفاظت پہنچایا۔ 1949 میں حکومت کے کمیونسٹوں کے خلاف کریک ڈاؤن میں ان کو بھی گرفتار کیا گیا اور وہ پانچ برس لکھنؤ جیل میں قید رہیں۔ ہاجرہ بیگم کا انتقال 20 جنوری 2003 کو ہوا۔

ماہنامہ روشنی کا اجراء اور اس کی ادارت:

ماہانہ روشنی ہاجرہ بیگم نے بمبئی سے 1946 میں جاری کیا تھا۔ یہ انجمن خواتین ہند (آل انڈیا وومین کانفرنس) کا ماہانہ رسالہ تھا اور یونائیٹیڈ فائن آرٹ لیتھو، ماز گاؤں،

ممبئی سے چھپتا تھا۔ یہ رسالہ 34 صفحات پر مشتمل ہوتا تھا۔اس رسالہ کا مقصد خواتین کو معاشی طور پر خود اختیار بنانا تھا اور اس کی اصلاح کی تدابیر کرنا تھا نیز ان کے اندر قومی معاملات سے متعلق سوجھ بوجھ پیدا کرنا تھا۔ تاکہ وہ بعد آزادی ہندوستان کی ترقی میں بھرپور حصہ لے سکیں۔ اس کی مجلس ادارت میں لیڈی راما راؤ، بیگم معصومہ حسین علی خاں، مسز وجے لکشمی پنڈٹ، مسز رامیشوری نہرو، بیگم کلثوم سایانی اور راج کماری امرت کور شامل تھیں۔

ریختہ کی ویب سائٹ پر راقم الحروف کو روشنی کے تین پرچے دستیاب ہوئے ہیں، جن میں دو آزادی سے قبل کے اور ایک آزادی کے بعد کا ہے۔ ان تینوں پرچوں کا معروضی جائزہ لینے پر معلوم ہوتا ہے کہ اس رسالہ نے آزادی سے قبل اور بعد میں فرقہ وارانہ حالات کو بہتر بنانے میں اہم کردار ادا کیا اور خواتین کو سیاسی طور پر بیدار کرنے میں بھی اس کی کوششیں بہت نمایاں تھیں۔ ان شماروں کے مطالعہ سے یہ بھی معلوم ہوتا ہے کہ اس میں صرف خواتین قلم کاروں کے مضامین ہی شامل ہوتے تھے۔

ہمارے سامنے جلد ا کا شمارہ چار بابت اگست 1946 موجود ہے جس کا اداریہ 'کانفرنس کی نئی تجویزیں' کے عنوان سے ہے جس میں مدیر نے انجمن خواتین ہند کی کانفرنس میں جو تجویزیں پاس کی ہیں ان پر گفتگو کی ہے نیز ہندوستان کے سماجی وسیاسی منظرنامہ پر جو تبدیلی آرہی تھی، اس پر بھی روشنی ڈالی، اداریہ کا یہ اقتباس دیکھیں:

آج ہندوستان میں صرف پڑھے لکھے لوگوں میں ہی ہل چل نہیں ہے بلکہ ان لوگوں میں بھی ایک نئی بیداری پائی جاتی ہے جو ابھی تک آزادی کی لڑائی سے بہت دور رہتے تھے۔ کارخانوں کے ضروری نہیں بلکہ کلرک، ڈسٹرکٹ بورڈ کے ٹیچر میونسپلٹی کے مہتر حتیٰ کی اینگلو انڈین اور عیسائی لڑکیاں، پولس اور فوج کے سپاہی تک نڈر ہوکر اپنی

حالت بہتر کرنے کے لئے احتجاج کر رہے ہیں۔ اسی طرح ایسی ریاستوں کے رہنے والے جو ابھی تک باقی ہندوستان کے رہنے والوں سے الگ رکھے جاتے تھے ایسا راج اپنی ریاستوں میں قائم کرنے کی تحریک کر رہے ہیں۔ جس میں ان کی بھی شنوائی ہو۔ جہاں ان کو اختیار دئے جائیں اور جہاں صرف راجہ اور نواب کی نادر شاہی نہ ہو بلکہ عام لوگوں کے صلاح مشورے سے کام کیا جائے۔"

ایک مضمون "ہماری غلہ کی دوکان" کے عنوان سے بھی اس شمارہ میں شامل ہے، جس میں بڑودہ میں انجمن خواتین نے غریب لوگوں کے لئے راشننگ کا جو نجی طور پر انتظام کیا تھا اس کی تفصیل درج کی گئی ہے۔ اسی طرح ایک مضمون صوبۂ بمبئی کی کوآپریٹو سوسائٹی کی تجویز پر ہے، اور یہ بتایا گیا ہے کہ اس طرح کی کوآپریٹو سوسائٹیوں سے خواتین کس طرح فائدہ اٹھا سکتی ہیں اور خواتین کو امپاور کرنے اور ان بااختیار بنانے میں کس طرح مدد کی ہے۔

قانونی معاملات کے تحت "ہندو قانون سے ولی کون ہوتا ہے" اس پر بھی گفتگو کی گئی ہے۔ اسی شمارے میں ایک مضمون معروف سماجی کارکن رامیشوری نہرو (1886-1966) اور ان کے خواتین کے لئے اصلاحی کارناموں پر ہے۔ اس کے علاوہ بچوں کی صحت اور ان کی تربیت پر بھی کالم ہے۔ خبروں کے تحت ریاست سانگلی میں میونسپلٹی اور دوسری چنی ہوئی کمیٹیوں میں عورتوں کی نمائندگی پر بات کی گئی ہے۔ ایک مضمون "اٹلی کی عورتیں" کے عنوان سے بھی شامل ہے۔

روشنی کے جلد 2 نمبر 1،2 بابت مئی جون 1947 کے پرچے میں اداریہ پنجاب میں فساد پر ہے جس میں انہوں نے اس بات پر تشویش کا اظہار کیا ہے، کہ جس طرح خواتین کو زدوکوب کیا گیا ہے وہ ہندوستانیوں کے لئے افسوس ناک بات ہے۔ تقسیم کے وقت

فسادات میں سب سے زیادہ متاثر عورتیں اور بچے ہوئے۔ہاجرہ بیگم اس سے بہت متاثر تھیں۔وہ اپنے اداریہ میں لکھتی ہیں:

"جو نتیجہ آج ہماری آنکھوں کے سامنے ہے وہ تو یہی کہ آج کی سیاست ہماری ترقی، تعلیم، سماج سدھار، قومی ایکے اور سیاسی آزادی کی سب ہی سوالوں کو دن بدن زیادہ مشکل بنائی جارہی ہے اور ہمارا عزم کہ ہم ہندوستان کی عورتوں کو ایک مضبوط کڑی کی باندھ دیں گے اور اس کا سلسلہ دنیا کی عورتوں کی تحریک سے ملادیں گے۔روز بروز زیادہ دشوار ہوتا جارہاہے۔ مگر ہماری انجمن نے عورتوں کی خدمت اور امداد،ان کی تنظیم اور آزادی کا کام جو ہاتھ میں لیا ہے۔اس کو ہم نہ چھوڑیں گے ہندوستان ہو یا پاکستان ہو۔عورت ذات کی مجبوریاں اور ضرورتیں بدستور قائم ہیں ان کو دور کرنے کی کوشش ہم جاری رکھیں۔

پنجاب کی دکھی عورتوں کے ساتھ ہماری گہری ہمدردی ہے ساتھ ہی ہم اپنی ان بہادر بہنوں کو مبارک باد دیتے ہیں جو کہ نفرت اور انتقام کے جذبوں سے بالاتر رہیں۔وہ سیکڑوں مسلمان بہنیں جنہوں نے اپنی جان پر کھیل سکھ عورتوں اور بچوں کو پناہ دی اور ان کی امداد کی، وہ ہمت والی سکھ اور ہندو عورتیں جنہوں نے مسلمان مرد اور عورتوں کی جان اور عزت کو بچایا۔

ہماری انجمن کی بہنیں پنجاب میں اب بھی پوری تندہی سے کوشش کررہی ہیں کہ پنجاب کی عورتیں سمجھ جائیں کہ آپس میں لڑوانے والا کون ہے اور ہندو مسلمان اور سکھ کی لڑائی سے کس کی طاقت مضبوط ہوتی ہے، تاکہ ان کا غم اور غصہ ان کو ایک دوسرے کے خلاف کھڑا کر دینے کی بجائے مل کر اپنے دشمن سے لڑنے پر تیار کرے۔ ہمیں یقین ہے کہ ان کی یہ کوشش نوبے کار نہ جائے گی اور پنجاب اور ہندوستان بھر میں وہ اس ایکے

کو قائم کرنے میں مدد گار ثابت ہو گی جس کے بغیر ہم اپنے پیروں پر کھڑے نہیں ہو سکتے اور ملک کو صحیح معنوں میں آزاد نہیں کروا سکتے۔"

اسی پرچہ میں معروف سماجی مصلح اور مجاہد آزادی کملا دیوی چٹوپادھیا (1903-1988) کا ایک مضمون بعنوان "انجمن کو کیا کرنا ہے؟" شامل ہے، جس میں انجمن کے مقاصد کے بارے میں درج کیا گیا ہے اور اس کو عملی طور پر فعال بنانے کے لئے اقدامات بتائے گئے ہیں۔ "پنجاب کے فساد اور ہمارا کام" کے عنوان سے ایک تحریر پورن مہتا کی بھی ہے۔ چوڑیاں بنانے والی کے عنوان سے ایک مضمون حسنہ بیگم انصاری کا ہے، جس میں انہوں نے ان خواتین کی حالت زار اور ان کی غربت پر تفصیل سے روشنی ڈالی ہے جو اس صنعت سے وابستہ ہیں نیز ان کی زندگیوں کو بہتر بنانے کی جانب اقدام کی جانب توجہ دلائی گئی ہے۔ یہ ایک اچھا جائزہ ہے۔ ایک مضمون 'کرناٹک میں کستوربا فنڈ کا کام' اومابائی کنڈادیوی کا ہے۔ آخیر میں تھیٹر کی معروف شخصیت اور پنجابی زبان کی معروف شاعرہ شیلا بھاٹیہ (1916-2008) کی ایک طویل پنجابی نظم "ہندیو! بے خبرو" پیش کی گئی ہے۔ مدیرہ نے اس نظم کو اردو پیرائے میں اپنے ایک نوٹ کے ساتھ قارئین کی نذر کیا ہے۔ اپنے تعارفی نوٹ میں مدیرہ رقمطراز ہیں:

"مسز شیلا بھاٹیہ کے گانے آج پنجاب کے گاؤں گاؤں اور گلی گلی میں گائے جاتے ہیں۔ پچھلے دنوں کے مسلم، سکھ، ہندو فساد کے بعد انہوں نے جو گانے لکھے وہ ایک چھوٹے سے ناٹک کی شکل میں لاہور کے محلوں میں عورتوں کی انجمن نے پیش کئے۔ ان گانوں سے عورتوں پر بہت اثر پڑا اور آپس کی نفرت و عداوت کم ہونے میں بڑی مدد ملی۔"

شیلا بھاٹیہ کی اس غم ناک اور دل سوز اور غم ناک نظم کے چند بند ملاحظہ فرمائیں،

جس میں شاعرہ نے تقسیم اور فسادات کے درد اور آپسی بھائی چارے کے خاتمے کو بیان کیا ہے:

چندا رے تیری چاندنی تارا رے تیری لو
ہولے ہولے سو گئے دھیمے دن دن ہو
چھپ گیا سمو چا اب چندا وہ ارمانوں کا
چھائی گھٹا یہ پھوٹ کی بچھڑا سنگ سجنو کا

کھڑکی نیچے جا رہا اے راہی تو ہی بول
کیوں آپس میں چھڑ گئے تج آزادی کا بول
اتر گئی تھیں زنجیریں ڈالی گردن میں اور
زنجیروں کے بدلے میں توڑ دیا سر اپنوں کا
چھائی گھٹا یہ پھوٹ کی بچھڑا سنگ سجنوں کا

مائیں بہنیں اپنی تھیں تھی اپنی ہی تلوار
اپنے ہی دہی پتر کاٹے چاقو لے اپنے ہاتھ
کنبے اپنے بھون دئے اپنے ہی ہاتھوں ہاتھ
بول سہی اے راہیا کیا تھا یہ کام سیانوں کا
چھائی گھٹا یہ پھوٹ کی بچھڑا سنگ سجنوں کا

شیلا بھاٹیہ کی یہ نظم دراصل عام لوگوں کے کرب کو دلسوز انداز میں بیان کرتی ہے اور اس بات کی بھرپور عکاسی کرتی ہے کہ تقسیم اور اپنے گھر اور اپنے وطن کو چھوڑنے

سے آپسی محبت میں جو درار اور ایک دوسرے کے لئے بد اعتمادی پیدا ہوئی تھی، اس کو برصغیر ہندوپاک کے عام انسانوں کو بہت زیادہ متاثر کیا تھا۔

"روشنی" آزادی کے بعد لکھنؤ سے شائع ہونے لگا۔ اس کا شمارہ 10، جلد2 بابت فروری1948 گاندھی جی کی شہادت پر خصوصی شمارہ تھا۔ جس میں مدیرہ ہاجرہ بیگم نے8 صفحات پر مشتمل ایک طویل تعزیتی اداریہ گاندھی جی کی یاد میں تحریر کیا۔ مدیرہ نے اپنی اس تحریر میں گاندھی جی کی خواتین کو بیدار کرنے کی سمت میں جو خدمات رہی ہیں، اس پر خصوصی طور پر روشنی ڈالی ہے۔ مدیرہ اپنے اس اداریہ میں رقمطراز ہے:

"ہندوستان کی عورتوں کو آزادی کی تحریک میں شریک کرنے میں گاندھی جی کا بڑا ہاتھ تھا۔ ہر تحریک میں انہوں نے ملک کی رہنما خواتین کو اپنے مشوروں میں شریک کیا اور ان کے لئے خاص کام اور خاص جگہ ڈھونڈنے کی کوشش کی۔ پہلی ستیہ گرہ کمیٹی میں مسز سروجنی نائیڈو اور انسوما بہن ان کی شریک تھیں۔

ہریجن کام میں مسز رامیشوری نہرو اور راجکماری امرت کور کو انہوں نے اپنے ساتھ رکھا، خلافت تحریک میں ہزاروں مسلمان عورتیں ان کا پیغام سن کر آگے بڑھیں اور اپنا سب کچھ قربان کرنے کو تیار ہوئیں کستوربا کے مرنے پر ان کی یادگار میں انہوں نے دیہاتی عورتوں اور بچوں کی امداد کا ادارہ قائم کیا۔ ہندوستان کی عورتوں کو انہوں نے سپاہی بننا سکھایا، دیش سیویکا بنایا، وردی پہنوا کر میدان عمل میں لا کھڑا کر دیا۔ کانگریس کی ڈکٹیٹر، کانگریس کی عہدیدار اور وزیر اور سفیر وہ گاندھی جی کی رضامندی سے بنیں۔ یہی وجہ ہے کہ آج ہندوستان کی عورتیں رو رہی ہیں کہ ان کا ایک بڑا سرپرست اور معاون دنیا سے اٹھ گیا۔"

ایک ایسے دور میں جب عام طور پر ہندوستانی مسلمان خواتین کے بارے میں یہ

تصور قائم تھا کہ وہ گھریلو ہوتی ہیں نیز ان کا کام خاندان کو سنوارنا اور ان کی خدمت کرنا ہوتا ہے، اس کے بر عکس ہم یہ دیکھتے ہیں کہ بیگم خورشید خواجہ، بیگم کلثوم سایانی اور ہاجرہ بیگم کی زندگیاں قومی آزادی کی جدوجہد سے عبارت ہیں۔ انہوں نے اپنی روشن خیالی، اپنی قوت ارادی، اپنے عمل سے پرانی دقیانوسی رسوم وروایات کو توڑا اور اپنے جرائد اور اپنی صحافت کے وسیلے سے جدوجہد آزادی کی تحریک میں روشن مثال قائم کی۔ وہ نہ صرف آزادی کی لڑائی میں پیش پیش رہیں بلکہ انہوں نے صنف نسواں میں سیاسی، سماجی اور تعلیمی بیداری، اور شعور پیدا کرنے اور ان کو باختیار بنانے میں بھی کلیدی کردار ادا کیا۔

ماخذات وحوالے

نقوی، سید محمد اشرف، اختر شاہنشاہی، لکھنؤ، 1888

صابری، امداد، تاریخ صحافت اردو، حصہ دوم، حصہ سوم، حصہ چہارم، حصہ پنجم، دہلی 1972، 1953، 1973

خورشید، ڈاکٹر عبد السلام، کاروان صحافت، انجمن ترقی اردو، کراچی، 1966

ارشد، محمد (مرتب)، ہندوستانی صحافت۔ محمد عتیق صدیقی کے صحافتی مضامین، 2011

فاروقی، محبوب الرحمن اور کاظم، محمد (مرتبین)، آج کل اور صحافت، پبلی کیشن ڈویزن، دہلی، 2000

سمیع الدین، ڈاکٹر عابدہ، ہندوستان کی جنگ آزادی میں مسلم خواتین کا حصہ، ادارہ تحقیقات اردو پٹنہ، 1990

اختر، ڈاکٹر جمیل، اردو میں جرائد نسواں کی تاریخ، جلد اول، دہلی، 2016

چندن، جی، ڈی، اردو صحافت کا سفر، ایجوکیشنل پبلشنگ ہاؤس، نئی دہلی، 2007

فاروقی، اسعد فیصل، علی گڑھ میں اردو صحافت، علی گڑھ، 2016

دہلوی، انور علی، اردو صحافت، اردو اکاڈمی، دہلی، 1987

ماہنامہ، تہذیب نسواں، لاہور 2 / دسمبر 1923

ہفت روزہ "ہند"، علی گڑھ (جلد 1، شمارہ نمبر 16 بابت 27 / ستمبر 1922)

پندرہ روزہ "رہبر"، بمبئی (جلد 7 نمبر 15، بابت 15 / فروری 1947)

ماہنامہ "روشنی"، بمبئی، لکھنؤ (جلد 1، شمارہ 4، اگست 1947، جلد 2، شمارہ 1، 2، مئی جون 1947، جلد 2، شمارہ 10، فروری 1948)

(۴) ماضی کی خواتین جرنلسٹ

انور غازی

اس تحریر میں اس بات کا جائزہ لیں گے کہ وہ کون سی خواتین ہیں جنہوں نے اردو صحافت کے آغاز سے لے کر آج تک صحافت کے میدان میں بھی کامیابی کے جھنڈے گاڑے ہیں۔ تاریخ میں بے شمار ایسی خواتین کے نام ملتے ہیں جنہوں نے اردو ادب اور جرنلزم کے رسالے نکالے۔ اخبار اور رسائل کی خود ایڈیٹر رہیں۔ اداریے لکھے، فیچر لکھے، ڈرامے اور فلمیں لکھیں، کہانیاں اور ناول لکھے، انٹرویو کیے، خاکے اور سوانح نگار بنیں۔ مکالمے اور تبصرے کیے، ترجمے کیے، اسکرپٹ لکھے، مقالے اور کتابیں لکھیں۔ مقابلے میں اخبار اور میگزین نکالے۔ بڑے بڑے قلمکاروں، ادیبوں اور صحافیوں کا مقابلہ کیا۔ دیگر میدانوں اور کاموں کی طرح صحافت کی پرخار وادی میں بھی کامیابیاں حاصل کیں اور کر رہی ہیں۔

اردو صحافت کی ابتدا میں ہی خواتین کی راہنمائی کے لیے ادبی اور معلوماتی رسائل و جرائد جاری کیے گئے۔ صحافی کے طور پر بے شمار خواتین نے شہرت حاصل کی۔ بیسیوں بلکہ سیکڑوں خواتین ایسی ہیں جنہوں نے اردو ادب اور اردو صحافت میں ممتاز مقام حاصل کیا ہے۔ آج بھی وہ صحافت کے افق پر روشن ستاروں کی مانند تابندہ ہیں۔ اردو ادب و صحافت کی تاریخ میں ان کے نام امر ہو چکے ہیں۔ آیئے! چیدہ چیدہ ناموں سے واقفیت حاصل کرتے ہیں۔

یہ بات تو سب ہی جانتے ہیں کہ برصغیر پاک وہند میں مسلمانوں کی آمد کے ساتھ ہی تعلیم و تعلّم کا سلسلہ شروع ہو گیا تھا۔ تمام علوم و فنون میں مردوں کے ساتھ ساتھ خواتین بھی برابر حصہ لے رہی تھیں۔ علم و حکمت کا یہ سنہری دور 9 سو سال پر مشتمل ہے۔ اس دور میں بڑی بڑی ادیبائیں، مصنفائیں اور شاعرائیں گزری ہیں۔ خود بادشاہوں کی بیویاں اور بیٹیاں بھی پڑھنے لکھنے کا اعلیٰ ذوق رکھتی تھیں۔

مثال کے طور پر بابر بادشاہ کی بیٹی "گل بدن بیگم" زبردست انشاء پرداز اور اعلیٰ درجے کی شاعرہ تھی۔ "جہانگیر" کی "نور جہاں" علم و فضل اور انتظام و انصرام میں یکتا تھیں۔ "اورنگ زیب عالمگیر" کی بہن "جہاں آراء بیگم" ادب، قراءت اور شعر گوئی کی ماہر تھی۔ اورنگ زیب کی بیٹی "زیب النساء" شعر و سخن اور فنِ خطاطی میں ید طولیٰ رکھتی تھی۔ ان کے علاوہ بھی بہت سی خواتین ادب، شعر و شاعری اور دیگر علوم و فنون میں مہارت رکھتی تھیں۔

مغلیہ دورِ حکومت کے بادشاہ چونکہ علم دوست تھے، ان کی بیٹیاں، بیویاں، حرم کی دیگر خواتین بھی علوم و فنون کا ذوق و شوق رکھتی تھیں، اس لیے تمام خواتین نے علوم و فنون حاصل کیے۔ پڑھنے پڑھانے کا چرچا عام ہوا۔ یہی وجہ ہے کہ اردو ادب اور شعر و شاعری میں مرد اور عورتیں برابر حصہ لیا کرتی تھیں۔

اسی طرح باقاعدہ تصنیف و تالیف کا کام کیا کرتی تھیں۔ برصغیر پاک وہند کی ہسٹری سے پتا چلتا ہے کہ 1884ء میں فاطمہ بنت مریم نے "مراۃ النسا" لکھی۔ 1803ء میں "منور بیگم" نے "گوشہ عافیت" لکھی۔ 1847ء میں خدیجۃ النساء نے "افکارِ خواتین" لکھی۔ نواب شاہجہاں بیگم نے 43 کتابیں لکھیں۔ بیگم وائی بھوپال نے 1888ء میں "تہذیب نسواں" کے نام سے کتاب لکھی۔ مصباح الخواتین کے نام سے "ہادی

النساء بیگم" نے ایک کتاب تصنیف کی۔ اس طرح اس زمانے کی بے شمار خواتین ایسی تھیں جنھوں نے علوم وفنون اور علم وادب کی آبیاری کی۔

برصغیر میں خواتین کو علم اور ادب سے خصوصی دلچسپی رہی ہے۔ یہی وجہ ہے کہ انہوں نے مختلف موضوعات پر متعدد تصانیف بطور یادگار چھوڑی ہیں۔ متعدد اخبارات اور رسائل میں بھی ان عورتوں کے مضامین چھپتے تھے۔ "دہلی اردو اخبار" میں بہادر شاہ ظفر کی بیگم "زینب محل" کا کلام شائع ہوتا تھا۔ کلکتہ سے جاری ہونے والے پندرہ روزہ میگزین "گلدستہ نتیجہ سخن" میں بھی پردہ نشین خواتین کی غزلیں شائع ہوتی تھیں۔

ایک رسالہ جس کا نام "گلدستہ ناز" تھا، اس کو ایک عورت شائع کرتی تھی۔ اس خاتون کا نام تھا: "بلقیس جہاں بیگم"۔ اس کی ایڈیٹر "ناظمہ بیگم" تھیں۔ اسی طرح بمبئی سے "چراغ کعبہ" کے نام سے ایک رسالہ بھی ایک خاتون نے جاری کیا تھا، اس میں خواتین کے مسائل پر ہی گفتگو ہوتی تھی اور خواتین ہی مضامین وغیرہ لکھتی تھیں۔ اسی طرح محبوب عالم منشی نے 1893ء میں "شریف بیبیاں" کے نام سے لاہور سے رسالہ شائع کیا۔ اردو کی خواتین کی صحافت میں یہ رسالہ بڑی اہمیت رکھتا ہے۔ اس کے بعد انہوں نے "شریف بی بی" کے نام سے ایک رسالہ 1909ء میں شائع کیا تھا۔ اس میں خواتین ہی کا موضوع تھا اور اکثر مضامین خواتین ہی کے شائع ہوتے تھے۔

"تہذیب نسواں" کے نام سے ایک اخبار آصف جہاں بیگم نے شائع کیا تھا۔ اس میں عورتوں کی بیداری کے حوالے سے ہی تمام تحریریں ہوتی تھیں۔ "تہذیب نسواں" اس اعتبار سے اسم بامسمیٰ اخبار تھا کہ اس کے ذریعے جہاں دیگر امور پر توجہ دی گئی تھی وہاں تہذیب واخلاق اور شائستگی پر بھی خصوصی توجہ مرکوز کی گئی۔ اچھے اخلاق اور تعلیم نسواں پر معیاری مضامین شائع کیے گئے۔ تہذیب نسواں کے بعد میرٹھ سے 1900ء میں

"سفیر قیصر" کے نام سے ایک رسالہ شائع ہوا۔ اس کا مقصد بھی خواتین میں بیداری تھی۔ اس کے مضامین بھی خواتین ہی لکھا کرتی تھیں۔

اسی طرح اسی سال "پردہء عصمت" کے نام سے لکھنو سے بھی ایک ادبی رسالہ شائع ہوا۔ یہ میگزین عورتوں کی اصلاح اور تعلیم و تعلّم کے لیے جاری کیا گیا تھا۔ اس میں خواتین کے مضامین بکثرت شائع ہوتے تھے۔ علی گڑھ سے ایک رسالہ "خاتون" کے نام سے جاری ہوا۔ 1905ء میں "مشیر مادر" کے نام سے ایک رسالہ نکلا۔ اس کی ایڈیٹر محمدی بیگم تھیں۔ اس میں خواتین کے مضامین، مقالات اور تحریریں شائع ہوتی تھیں۔ آگرہ سے 1906ء میں "مسز خاموش" نے "پردہ نشین" کے نام سے ایک رسالہ شائع کیا۔ اس میں بھی زیادہ تر لکھنے والی خواتین ہی تھیں۔

خواتین کی صحافت کو فروغ دینے کے لیے 1908ء میں "عصمت" کے نام سے کراچی سے بھی ایک رسالہ جاری ہوا تھا۔ اس میں خواتین کے موضوع پر ہی تحریریں ہوتی تھیں، اور خواتین رائٹرز ہی لکھتی تھیں۔ اسی طرح بھوپال سے 1909ء میں "الحجاب" کے نام سے بھی ایک میگزین جاری ہوا تھا۔ اس کی تحریریں بھی خواتین کے موضوع پر ہی ہوا کرتی تھیں۔ اکثر مضامین خواتین ہی تحریر کرتی تھیں۔ اس میں زہرہ فیضی کے مضامین بچوں کی پرورش کے حوالے سے ہوا کرتے تھے۔ 1911ء میں علامہ راشد الخیری نے "تمدن" کے نام سے ایک جریدہ نکالا تھا۔ اس کا مقصد خواتین کی فلاح و بہبود اور ان میں شعور اجاگر کرنا تھا۔ اس میں کئی تحریریں خواتین کی ہوتی تھیں۔

اسی طرح 1916ء میں "پیغام امید" کے نام سے ایک ماہنامہ رسالہ جاری ہوا۔ اس رسالے کی ایڈیٹر "آزاد بیگم" تھیں۔ اس میں بھی پڑھی لکھی خواتین کو دعوت دی جاتی تھی کہ وہ لکھیں، وہ صحافت کے میدان میں آئیں۔ اس میں علمی اور ادبی موضوعات پر

خواتین کی تحریریں شائع ہواکرتی تھیں۔ 1919ء میں حسن نظامی کی نگرانی اور ان کی بیوی خواجہ لیلیٰ بانو کی ادارت میں "استانی" کے نام سے ایک رسالہ جاری ہوا تھا۔ اس میں زیادہ تر لکھنے والی خواتین تھیں اور خواتین کے موضوعات پر ہی مضامین ہوتے تھے۔ اسی سال "نسائی" کے نام سے خواتین کا ایک جریدہ شائع ہوا تھا۔ اس کا مقصد خواتین کی صحافت کو فروغ دینا تھا۔ اپنے زمانے کا یہ مقبول رسالہ شمار ہوتا تھا۔ اس رسالے کی ایڈیٹر بھی ایک خاتون تھی۔

(۵) اردو صحافت اور خواتین کی حصہ داری

پروفیسر قمر جہاں

خواتین ہمارے سماج کا ناگزیر حصہ ہیں، جنھیں نصف بہتر کا درجہ حاصل ہے۔ آج وہ مردوں کے دوش بدوش زندگی کے تقریباً ہر شعبے میں گامزن ہیں۔ خواتین کی کارکردگی اور محنتِ شاقہ کے نقوش کہاں مرتسم نہیں ہیں؟ ایک زمانہ تھا جب صحافت انجینئرنگ اور فوج میں خواتین نہیں ہوتی تھیں، مگر عہدِ حاضر میں ہر شعبے میں وہ موجود ہیں اور اپنے فرائض بہ حسن و خوبی انجام دے رہی ہیں۔ 'صحافت' کو جمہوریت کا چوتھا ستون کہا جاتا ہے اور سچ پوچھیے تو عہدِ حاضر میں اس چوتھے ستون کی اہمیت اس قدر بڑھ گئی ہے کہ میڈیا ہی 'چوتھی ریاست' بن گئی ہے۔

دنیا جو واقعی اب ایک عالمی گاؤں میں مبدل ہو چکی ہے، جہاں ان دنوں عوامی ذرائع ابلاغ یعنی ماس کمیونیکیشن کا ایک جال سا بچھ گیا ہے، انٹرنیٹ، کمپیوٹر، الیکٹرونک وسائل (ای میل)، فیکس، موبائل، فون، ریڈیو، ٹی وی، ویڈیو کانفرنسگ، سٹیلائٹ چینلوں نے پورے معاشرے کو اپنی مضبوط گرفت میں لے لیا ہے اور بچہ بچہ کھیل کھیل میں وہاں تک پہنچ گیا ہے۔ اس بدلی ہوئی صورتِ حال میں ہماری خواتین بھییقیناً کافی ترقی یافتہ ہو گئی ہیں۔

نئی تعلیم یافتہ لڑکیاں ہوں یا لڑکے، ان میں ذہنی و تعلیمی بیداری کے لحاظ سے کوئی حدِّ امتیاز نہیں ہے۔ 'صحافت' بھی خواتین کی دلچسپی اور کارکردگی کا محبوب و پسندیدہ

موضوع ہے۔ غور کیا جائے تو عہدِ رواں میں صحافت کے بھی کئی شعبے ہیں، عام طور سے انھیں دو شاخوں میں تقسیم کیا گیا ہے یعنی پرنٹ میڈیا اور برقی میڈیا مگر حقیقتیہ ہے کہ الیکٹرونک میڈیا اور پرنٹ میڈیا ترسیل و ابلاغ کی دو علیحدہ شاخیں ہوتے ہوئے بھی ایک دوسرے سے قریب ہیں اور سچی بات یہ ہے کہ پرنٹ میڈیا کو بھی الیکٹرونک میڈیا کا ہی تعاون حاصل ہے۔

زمانۂ قدیم کی طرح اب چھاپہ خانہ یا کاتب وغیرہ کی ضرورت نہیں رہی۔ اب کمپیوٹر کمپوزنگ کا دور ہے جو خالص ترقی یافتہ شکل ہے۔ کتب و رسائل کی اشاعت کا مرحلہ ہو یا اخبارات کی طباعت کا، یہ تمام کام عہدِ حاضر میں جناتی کرشمے کی طرح تیز تر ہو گئے ہیں۔ اس نئے ماحول میں ہماری خواتین جرنلسٹ بھی کسی سے پیچھے نہیں ہیں۔ خواتین صحافی خواہ پریس میڈیا میں ہوں یا نیوز چینل (برقی میڈیا میں) تعداد ان کی بڑھتی ہی جارہی ہے اور خوشی کی بات یہ ہے کہ معیار و مذاق میں بھی وہ اپنے دیگر ساتھیوں کے ہم پلہ ہیں۔

آئندہ صفحات میں چند نام درج کیے جارہے ہیں جن کی خدمات کا اعتراف کیا جانا چاہیے۔ موضوع چونکہ اردو صحافت ہے، لہٰذا ہماری نظرِ انتخاب ایسی خواتین پر ہے جو اردو صحافت میں اپنی پہچان بنا چکی ہیں۔ اس سلسلے میں ایک اہم نام جناب عبدالستار دلوی کی صاحب زادی محترمہ شیریں دلوی کا ہے۔ وہ بمبئی میں اقامت پذیر تھیں اور 'اودھ نامہ' بمبئی کی ایڈیٹر رہی ہیں۔ محترمہ شیریں دل ایسوسی ایٹ جرنلسٹ کے علاوہ ٹیلی ویژن سے بھی وابستہ رہی ہیں۔ فارم اگینسٹ آپریشن آف ویمن سے کی صدر کے عہدے پر فائز تھیں۔

دوسری صحافی عالیہ ناز کی ہیں، جن کا آبائی وطن کشمیر ہے۔ تعلیم دہلی میں جے این یو سے حاصل کی تھی۔ بی بی سی کے اردو پروگرام شہر 'بی' کو پیش کرتی تھیں۔ یونیسکو سے

انھیں ایک خطاب کے نام سے ملا تھا۔ وہ اپنے وقت کی ایک مقبول و معروف صحافی ہیں۔ مدھیہ پردیش میں خالدہ بلگرامی کا نام اولیت کے لحاظ سے خاص امتیاز رکھتا ہے۔ شاذیہ دہلوی انڈیا ٹوڈے میں اپنی نمایاں کارکردگی کے لیے پہچان رکھتی ہیں۔ اسی طرح محترمہ وسیم راشد اردو اخبار 'چوتھی دنیا' دہلی کی معاون مدیرہ رہیں۔ ریشماں اختر کا تعلق مشہور 'عالمی سہارا' چینل سے ہے۔ نائب مدیر نازیہ نوشاد حالیہ دنوں میں پٹنہ سے شائع ہونے والے مقبول اخبار 'راشٹریہ سہارا' میں اپنی نمایاں کارکردگی سے اپنی شناخت قائم کر چکی ہیں۔ محترمہ اس اخبار کی نائب مدیر ہیں۔ زرّیں فاطمہ مشہور اردو اخبار 'انقلاب' پٹنہ سے وابستہ ہیں، موصوفہ اس اخبار میں نائب مدیر کے عہدے پر فائز ہیں اور اردو صحافت میں ان کی دلچسپی خصوصی ہے۔

عہدِ حاضر میں اردو صحافت کا نصب العین ملک کے اندر قومی یکجہتی کو فروغ دینا اور سیکولرزم کی خصوصیات کو اجاگر کرنا ہے۔ ایک وقت تھا کہ بنگلہ زبان کے ساتھ سب سے پہلے اردو اخبارات نے ہی قوم کو آزادی کے خواب دکھائے تھے اور آزاد ہندوستان کے خواب کو اپنی مسلسل کوششوں سے شرمندۂ تعبیر کیا تھا۔ جنگِ آزادی کی تاریخ میں اردو اخبارات کے نام سنہری حرفوں میں لکھے گئے ہیں۔ اس کے مشہور اخبارات میں قومی آواز، نوائے وقت، ہندوستان، ریاست، رہبر ہند وغیرہ بے شمار اردو اخبارات کے نام ہمارے ماضی کی شاندار وراثت ہیں۔

اردو اخبارات کے حوالے سے چند نام اور ذہن میں آ رہے ہیں۔ ان تمام خواتین صحافی کی خدمات یقیناً قابلِ تعریف ہیں۔ اخبار 'نوائے وقت' کی مدیرہ عارفہ صبیحہ 'نویدِ وقت' کی ایمان محمد جو پہلی خاتون صحافی ہیں جنھوں نے غزہ و اسرائیل جنگ کی تصویر کشی کرکے اپنا نام وار فوٹو جرنلسٹ میں درج کرایا ہے۔ محترمہ ثومی خاں کرائم جرنلسٹ کی

حیثیت سے مشہور ہیں۔ 1948 میں فاطمہ بیگم نے لاہور سے پہلا اردو اخبار 'خاتون' کے نام سے نکالا تھا۔ ان کے علاوہ زاہدہ حنا، پروین شاکر، عاصمہ چودھری، زبیدہ مصطفیٰ، زیب النساء، فرحت صدیقی غرض بہت نام ہیں جو اخباراتِ اردو میں خواتین صحافی کی حیثیت سے مشہور ہیں۔ ان میں ایک اہم نام محترمہ فوزیہ شاہین کا ہے جو اخبار 'جنگ' سے وابستہ ہیں۔ بی بی سی آن لائن اردو سروس کی اپنی کارکردگی کے لیے محترمہ فوزیہ شاہین کو ایوارڈ بھی مل چکا ہے۔ یونیسکو سے ویمن میڈیا ان پاکستان کا خطاب حاصل کر چکی ہیں۔

مشہور افسانہ نگار زاہدہ حنا، اور شاعرہ پروین شاکر بھی 'جنگ' میں کالم نویس کی حیثیت سے مشہور رہی ہیں۔ یہ دونوں ممتاز و مقبول نام اپنے آبائی وطن کے لحاظ سے ہندوستانی ہیں۔ عاصمہ چودھری اخبار 'ڈان' میں ہیں اور جنگ گروپ میں نائب مدیر تھی۔ ثمیرہ عزیز پہلی سعودی خاتون ہیں جو میڈیا میں کام کر رہی ہیں۔ 'آواز' میں مینیجنگ ایڈیٹر رہیں۔ ساتھ ہی اردو نیوز (سعودی سے) کی سپر وائزنگ ایڈیٹر اور گوشۂ خواتین کی انچارج ہیں۔ صوبۂ بہار میں تسنیم کوثر ایک طویل مدت تک ٹی وی پر نیوز ریڈر رہیں۔ محترمہ اچھی افسانہ نگار ہیں۔ 'بونسائی' ان کے افسانوں کا مجموعہ ہے۔

خواتین میں بیشتر نام آج الیکٹرونک میڈیا میں چمک رہے ہیں۔ اخبارات سے وابستہ خواتین صحافی ہیں تو ضرور مگر مردوں کے مقابلے میں ان کی تعداد بہت کم ہے۔ اپنی قلمی صلاحیت کے اعتبار سے بھییہ خواتین ایم جے اکبر اور احمد سعید خاں وغیرہ کے مقابلے میں نہیں آتی ہیں۔ دراصل اردو سے آشنا خواتین نے صحافت کو بہت بعد میں لائق توجہ سمجھا ہے۔ اس کے لیے جس آزاد ماحول اور کھلے ذہن و دماغ کی ضرورت ہے اس سے ہماری خواتین اب قریب ہو رہی ہیں۔

اب تو باضابطہ صحافت کی تعلیم مختلف یونیورسٹیوں میں ہو رہی ہے۔ مردوں کے

ساتھ خواتین بھی صحافت میں سند حاصل کر رہی ہیں۔ ویسے اس کورس کے لیے جن سہولیات کی ضرورت ہے وہ فی الحال ہر یونیورسٹی میں دستیاب نہیں ہیں۔ خاص کر اردو مضمون میں بڑی تشنگی کا احساس ہوتا ہے۔ نہ تو اس فن کے ماہر اساتذہ ہیں نہ دیگر سہولیات میسر ہیں 151 برقی میڈیا میں خواتین صحافی کی تعداد دنوں دن بڑھتی جارہی ہے لیکن اردو زبان سے دوری اردو صحافت کے عمومی معیار کو مجروح کر رہی ہے۔

مثل مشہور ہے کہ "بات کہنے کو بھی سلیقہ چاہیے۔" ہمارے خیال میں اردو ادب سے ناواقفیت نے حسنِ گفتار میں کمی پیدا کی ہے۔ جب کہ صحافت کے پیشے میں زبان دانی ایک ضروری شرط ہے، خاص کر اردو شعر و ادب سے واقفیت زورِ خطابت کے لیے ضروری ہے۔ صحافت کی ایک اہم شاخ جرائد ورسائل کی اشاعت بھی ہے۔ خواتین کی ایک بڑی تعداد زمانہ دراز سے مدیر ہیا معاون مدیرہ کی حیثیت سے مختلف و متنوع اردو رسائل وجرائد میں دیکھی جاسکتی ہیں۔

یقینی طور سے ان میں سے بیشتر کے نام صرف نام تک ہی ہیں، کام کے معاملے میں ان کا صحافتی شعور ایک دم ناپختہ ہے۔ ادبی صحافت میں ہمارے پیشِ نگاہ 1910 میں مس زہرا نذر الباقر کا لیا جاتا ہے جو اخبار 'پھول' کی ایڈیٹر تھیں اور حقوقِ نسواں پر زوردار مضامین لکھا کرتی تھیں۔ ان کے کئی ناول بھییادگار ہیں۔ دوسرا اہم نام محمدی بیگم کا ہے۔ موصوف خود اپنے عہد کی اچھی ادیبہ اور ناول نگار تھیں۔ اردو کے ممتاز ڈراما نگار امتیاز علی تاج کی والدہ اور مولوی سید ممتاز علی کی اہلیہ تھیں۔ ان کی ادارت میں خواتین کا مقبول عام جریدہ 'تہذیب نسواں' پنجاب (لاہور) سے نکلتا تھا۔ اس میں بیشتر خواتین قلمکاروں کی تحریریں ہوتی تھیں۔

آزادی سے قبل اگست 1943 میں بنگلور سے 'نیا دور' کا اجرا ہوا، جس کی ادارت

ممتاز شیریں اپنے خاوند صمد شاہین کے ساتھ کرتی تھیں۔ ممتاز شیریں اردو ادب میں کئی حیثیتوں سے ممتاز ہیں۔ فکشن نگار ہونے کے ساتھ فکشن کی بہترین ناقد، اردو انگریزی دونوں زبانوں کے ادب پر یکساں دسترس، منٹو شناسی میں ماہر اور ایک دانشور خاتون صحافی کی حیثیت سے وہ ہمیشہ یاد کی جائیں گی۔ مقبول عام رسالہ ماہنامہ 'آجکل' دہلی میں محترمہ نرگس سلطانہ معاون مدیرہ کی حیثیت سے ایک عرصے سے کام کر رہی ہیں اور اپنی اعلیٰ کارکردگی سے متاثر کر رہی ہیں۔

خواتین کا رسالہ 'بزمِ ادب' علی گڑھ جس کی مدیرہ مشہور شاعر خلیل الرحمن اعظمی کی اہلیہ راشدہ خلیل ہیں۔ یہ رسالہ سال میں ایک بار ماہ جنوری میں منظرِ عام پر آتا ہے۔ اب تک اس کے کل 17 یا 18 شمارے آچکے ہیں۔ ادبی لحاظ سے بزمِ ادب خواتین کے ادب میں انفرادیت قائم کر چکا ہے۔ اس میں صرف خواتین کی ہی نگارشات شائع ہوتی ہیں۔ جنوبی ہند کا کثیر الاشاعت و مقبول عام جریدہ 'زریں شعائیں' جو ماہنامہ کی صورت پابندی کے ساتھ بنگلور سے شائع ہو رہا ہے، اس میں پرنٹر پبلشر اور ایڈیٹر کی حیثیت سے محترمہ فریدہ رحمت اللہ ہیں، تقریباً 26 سال سے شائع ہونے والا دلچسپ معلوماتی مجلہ ہے جس میں مذہبی، ادبی سیاسی علمی و سائنسی غرض تمام موضوعات کا احاطہ کیا جا رہا ہے۔

مجلسِ مشاورت میں بھی تمام نام خواتین کے ہیں۔ ہمارے پیشِ نظر خواتین صحافی میں محترمہ فریدہ رحمت اللہ کافی مشہور و مقبول ہیں۔ شہر الہ آباد سے شائع ہونے والا سہ ماہی 'پہچان' خاص ادبی و تنقیدی مزاج کا حامل ہے اور ادب میں اس کی واقعی ایک پہچان ہے۔ اس کی ادارت محترمہ زیب النسا اور اشفاق نعیم کرتی ہیں۔

حیدرآباد سے نکلنے والا مشہور و خالص ادبی رسالہ 'شعر و حکمت' کتاب دو، دورِ سوم) مرتبین میں شہریار اور مغنی تبسم کے ساتھ اختر جہاں بہ حیثیت ایڈیٹر اور شفیق فاطمہ

شعریٰ معاون کی حیثیت سے جلوہ افروز تھیں۔ ایک زمانے میں 'سوغات' بنگلور میں محمود ایاز کے ساتھ ان کی اہلیہ مریم ایاز کے علاوہ شائستہ یوسف بھی دیکھی جاسکتی ہیں۔

کتابی سلسلہ سہ ماہی 'آمد' پٹنہ میں مدیر اعزازی خورشید اکبر ہیں اور مدیرہ ان کی بیگم عظیمہ فردوسی ہیں۔ عہد حاضر میں اردو کا یہ ایک معیاری رسالہ ہے، جس میں ادب کے زندہ لہو کی گردش آپ محسوس کرسکتے ہیں۔ 'کوہسار جرنل' (بھاگلپور) میں ڈاکٹر مناظر عاشق کے ساتھ نیناجوگن 'مباحثہ' (پٹنہ) میں پروفیسر وہاب اشرفی کے پہلو بہ پہلو محترمہ نسیمہ اشرفی کو بہ حیثیت خاتون صحافی آپ دیکھ سکتے ہیں۔ حالیہ 'بیسویں صدی' میں مدیرہ شمع افروز زیدی اور 'پاکیزہ آنچل' میں رخسانہ صدیقی بہ حسن وخوبی مدیر کے فرائض انجام دے رہی ہیں، اور عوامی ادبی حلقے میں یہ دونوں رسائل خاصے مشہور و مقبول ہیں۔

'بانو' (دہلی) اب بند ہے مگر خواتین میں کئی خانے میں اپنی پہچان رکھتا تھا، اسی طرح عصمت، حریم، خاتون مشرق وغیرہ میں بھی خواتین کی صحافت کے نمونے موجود ہیں۔ شمس الرحمن فاروقی کا جدیدیت کا ترجمان رسالہ 'شب خون' کی مدیرہ ایک طویل عرصے تک فاروقی کی اہلیہ عقیلہ شاہین تھیں۔ کرناٹک اردو اکادمی کی سکریٹری اور اکادمی کے رسالہ کی مدیرہ محترمہ فوزیہ چودھری ہیں۔ 1966 میں بمبئی سے 'قمر' رسالہ نکلتا تھا جس کی مدیرہ شاعرہ مینا ناز تھیں اور معاون شاد گکرالوی تھے۔ اب ذرا عظیم آباد کی طرف آیئے اور ماضی میں جایئے۔

دسمبر 1967 میں پٹنہ شہر سے 'زیور' خواتین کا مقبول ترین جریدہ محترمہ سلمیٰ جاوید کی ادارت میں شائع ہوتا تھا اور 1972-73 تک باقاعدگی سے محترمہ 'زیور' کو آراستہ کرتی رہیں۔ سلمیٰ اردو کی اچھی اسکالر اور افسانہ نگار تھیں۔ ماہ منیر خاں کی صاحب زادی تھیں ان کے بڑے بھائی رضوان احمد خاں مدیر اعزازی کی حیثیت رکھتے تھے۔ وہ خود

ایک مشہور و بے باک تھے۔ 'عظیم آباد اکسپریس' موصوف کی شعلہ بیانی کے لیے آج بھی مشہور ہے۔ شہر گیا سے نکلنے والا رسالہ ماہنامہ 'آہنگ' جس کے چیف ایڈیٹر کلام حیدری تھے۔ مدیر کے کالم میں نوشابہ حق کا نام دیکھنے کو ملتا ہے۔

روزنامہ 'پندار' پٹنہ جو آج بھی با قاعدگی سے شائع ہو رہا ہے۔ قائم شدہ ایڈیشن 1974 میں ایڈیٹر کی حیثیت سے جہاں آرا صاحبہ تھیں۔ پٹنہ سے نکلنے والا روزنامہ 'ان دنوں' کی مدیرہ نکہت سلطانہ ہیں۔ 1990-91 میں یہ روزنامہ صرف ایک روپے کی قیمت میں اپنے قارئین کے ذوق کی تسکین کرتا تھا۔ ہفتہ وار 'وطن کے رنگ' پٹنہ میں قاضی عبد الوارث کے ساتھ خورشید جہاں ہیں۔

پندرہ روزہ اخبار 'مگدھ پنچ' پٹنہ 1978 میں معصوم اشرفی کے ساتھ محترمہ شمشاد جہاں کو دیکھ سکتے ہیں۔ رسالہ 'مفاہیم' دورِ اول گیا 1979 میں افسری جبیں صاحبہ، تاج انور اور شاہین نظر کی معاون ہیں۔ 'زیب النسا' نام سے ایک رسالہ 1937 میں چھپرہ سے شائع ہوا تھا۔ مدیرہ کا نام بھی زیب النسا ہی ہے۔

مجھے اس بات کا احساس ہے کہ ناموں کی اس کھتونی میں خواتین صحافی کی خدمات کا عکس نمایاں نہیں ہو سکا ہے اس لیے کہ ہر نام کے ساتھ کوئی نہ کوئی اہم نام بھی سامنے آ گیا ہے۔ البتہ اردو صحافت کی عام صورتِ حال کے پیشِ نظر یہ تو کہا ہی جا سکتا ہے کہ اردو صحافت کا معیار ابھی بھی بہت تسلی بخش نہیں ہے۔ یہاں ادبی و شعری حصہ ضرور بہت زرخیز ہے مگر سائنسی اور آئے دن ہونے والی نئی نئی تحقیقات سے اردو صحافت کو رنگین اور کارآمد بنانے کی ضرورت ہے۔ ہماری خواتین صحافی اس طرف آسانی سے توجہ دے سکتی ہیں۔

(۶) اردو صحافت کے میدان میں خواتین کی نمائندگی

ڈاکٹر مرضیہ عارف

خواتین کو آدھی دنیا سے تعبیر کیا جاتا ہے لیکن اِس آدھی دنیا کی اردو صحافت میں نمائندگی شروع سے محدود رہی ہے، حالانکہ جنگِ آزادی میں خواتین نے مردوں کے شانہ بشانہ حصّہ لیا لیکن صحافت میں وہ خال خال ہی نظر آتی ہیں۔ یہ ضرور ہے کہ ۲۰ویں صدی کی تیسری و چوتھی دہائی تک اُردو میں کئی رسالے ایسے مل جاتے ہیں، جن میں خواتین نے اپنے نام سے یا قلمی نام سے عصری موضوعات خاص طور پر عورتوں کے سماجی مسائل، اُن کے حقوق اور تعلیم پر لکھا ہے، جس کا مقصد عورتوں کی آزادی تو نہیں، اُن میں سیاسی وسماجی اور معاشی شعور پیدا کرنا تھا۔ علی گڑھ میں خواتین کی تعلیم کے محرک شیخ عبد اللہ نے 'نسواں کالج' قائم کیا تو خواتین کو اِس سے بہت حوصلہ ملا، وہ افسانے اور ناول نگاری کے میدان میں قدم بڑھانے لگیں، پھر بھی اُردو صحافت میں اُن کا سرگرم داخلہ ۸۰ کی دہائی میں نظر آیا، جب وہ روزناموں میں بھی کام کرتی نظر آئیں۔

جہاں تک خواتین کے اخبار ورسائل کی اشاعت کا سوال ہے تو سب سے پہلے مولوی سیّد احمد دہلوی نے ۱۸۸۴ء میں 'اخبار النساء' کے نام سے پہلا باقاعدہ خواتین کا رسالہ دہلی سے نکالا، جو مہینہ میں تین مرتبہ شائع ہوتا تھا، اِس کے بعد سیّد ممتاز علی نے ہفت روزہ 'تہذیب نسواں' لاہور سے جاری کیا۔ یہ ۱۹۴۹ء تک نکلتا رہا، اِس کا مقصد خواتین کو اُمورِ خانہ داری سے آشنا کرنے کے ساتھ ساتھ اُن میں ادبی ذوق پیدا کرنا تھا، اپنی اشاعت کے

پچاس سال کے دوران اِس کے لکھنے والوں میں مولانا عبد المجید سالک، امتیاز علی تاجؔ، احمد ندیم قاسمی جیسے مرد اہلِ قلم اور نذر سجاد حیدر، محمدی بیگم، حجاب امتیاز علی، زبیدہ زرّیں، سلطانہ آصف فیضی، صغریٰ ہمایوں جیسی ممتاز خواتین قلم کار شامل تھیں۔

۲۰ویں صدی کے شروع میں شیخ عبداللہ کا 'خاتون'، بیگم خاموش کا 'پردہ نشین'، راشد الخیری کا 'عصمت'، منشی محبوب عالم کا 'شریف بی بی' منظرِ عام پر آئے لیکن جس کو خاتون ایڈیٹر کا رسالہ ہم قرار دے سکتے ہیں وہ صغریٰ بیگم کا 'النساء' ۱۹۱۹ء میں حیدرآباد سے نکلا، بعد میں خواجہ حسن نظامی نے خواجہ بانو کی اِدارت میں ۱۹۲۶ء میں ضخیم رسالہ 'تبلیغِ نسواں' شروع کیا، جس میں تعلیم کے فروغ، معاشرہ کی اصلاح اور تاریخ و مذہب کی معلومات پر مضامین شائع ہوتے تھے، سعادت سلطانہ کا 'نور جہاں' امرتسر سے، مریم بیگم کا 'خادمہ' حیدرآباد سے، پٹنہ سے صالحہ خاتون کا 'عفت'، عطیہ بیگم کا باتصویر رسالہ 'معینِ نسواں'، علی گڑھ سے رضیہ ہاجرہ کا 'ثریا'، آگرہ سے منظرِ عام پر آئے۔

حیدرآباد جو شروع سے اُردو صحافت کا مرکز رہا ہے، یہاں خواتین کے رسائل کا سراغ ۱۹ویں صدی کے آخر سے ملتا ہے، پہلا رسالہ 'معلم نسواں' ۱۸۹۲ء میں محب حسین نے نکالا، جو کئی حیثیتوں سے حیدرآباد کی اُردو صحافت میں نمایاں نام ہے۔ وہ کافی روشن خیال اور حقوقِ نسواں کے حامی تھے، اِسی لیے "معلم نسواں' کے ذریعہ نو برس تک عورتوں کے حقوق کے لیے جدوجہد کرتے رہے، حیدرآباد کے رسائل 'خادمہ' اور 'النساء' کا ذکر گزر چکا ہے، ساتھ ہی 'ہم جولی'، 'مومنہ'، اور 'سفینۂ نسواں' کے ذریعہ بھی صادقہ قریشی اور اختر قریشی نے خواتین کی صحافت کو آگے بڑھانے میں حصّہ لیا، ۱۹۲۹ء میں عصمت آرا حجاب نے میرٹھ سے 'خاتونِ مشرق' نکال کر مشرقی و اسلامی روایات کی ترویج کا کام انجام دیا۔ حمید النساء کا 'خیابانِ دکن' بھی حیدرآباد کا قابلِ ذکر رسالہ تھا، جس نے

طالبات کی ذہنی تربیت میں حصّہ لیا، خواتین کے مذکورہ رسائل کی عمر زیادہ نہیں ہوئی، اِن کے ناموں کا ایک قابلِ غور پہلو یہ ہے کہ رسالوں کے نام لینے سے ہی اُن کے رجحان و ترجیحات کا اندازہ ہو جاتا ہے، دوسرا پہلو جس کی نشاندہی سرگرم خاتون صحافی نور جہاں ثروت نے کی، یہ ہے کہ اُس زمانہ کے بیشتر خواتین کے رسائل میں نام ضرور کسی خاتون کا درج ہوتا لیکن بیشتر کے مرتب کرنے والے مرد ہوتے، جو اپنی بیوی یا دیگر کسی عزیزہ کا نام ایڈیٹر کی حیثیت سے استعمال کرتے لیکن اُن کا صحافت تو دور ادب سے بھی کوئی تعلق نہیں تھا۔

مثال کے طور پر سابق ریاست بھوپال سے خواتین کا پہلا رسالہ 'الحجاب' ۱۹۰۹ء میں سیّد محمد یوسف قیصر نے جاری کیا، اِس کے بعد 'اُمہات' قمر النساء بیگم کی اِدارت میں شائع ہوا، اِس سے تحریک پا کر اُسی سال 'بانو' منظرِ عام پر آیا، تیسرا ماہنامہ 'آفتابِ نسواں' ۱۹۳۹ء میں نکلا۔ بظاہر سرور جہاں اور انور جہاں اِس کی ایڈیٹر تھیں۔ ایک اور پندرہ روزہ 'افشاں' آزادی کے فوراً بعد ۱۹۴۷ء میں جاری ہوا اور ایڈیٹر کی حیثیت سے الطاف قمر (بیگم حکیم سیّد قمر الحسن) اور پروین رشدی (اہلیہ اے۔ آر۔ رُشدی) کے نام درج تھے لیکن حقیقت میں اشتیاق عارف اِسے مرتب کرتے تھے، بھوپال کے اوّل الذکر رسالوں کے بارے میں بھی گمان یہی ہے کہ نام ضرور خواتین کے سامنے آئے لیکن مرد صحافی ہی اِسے مرتب کرتے تھے، تحقیق سے یہی مثالیں دوسرے شہروں میں بھی سامنے آئیں گی کیونکہ آثار و قرائن یہی بتاتے ہیں کہ اُس زمانہ میں نام خواتین کا اور لکھنا مردوں کی ذمہ داری ہوا کرتا تھا۔

آزادی سے پہلے کی طرح بعد کے دور کا جائزہ لیا جائے تو یہی اندازہ ہوتا ہے کہ آزادی کی جدوجہد اور عورتوں کی بیداری کی تحریکات کے باعث ہندوستانی خواتین میں

قلم کے استعمال کا شوق و جذبہ ضرور پروان چڑھا، لیکن آج کے معنوں میں جنھیں صحافی کہا جاتا ہے، اُن کی تعداد انگلیوں پر گنے جانے کے قابل تھی۔ انگریزی صحافت میں خواتین کی نمائندگی ۱۹۶۰ء سے بڑھ گئی، انیس جنگ، نکہت کاظمی، حمیرہ قریشی، سعدیہ دہلوی وغیرہ جبکہ سیما مصطفی ہمہ وقت صحافی ہیں، اُردو میں پہلی کُل وقتی صحافی کا اعزاز بھوپال کی خالدہ بلگرامی کو حاصل ہوا، جنھوں نے ۱۹۷۸ء میں روزنامہ 'آفتابِ جدید' جوائن کیا اور بائیس سال تک اُردو کی یومیہ صحافت میں مصروفِ عمل رہیں۔ نورجہاں ثروت نے اِن کے بعد روزنامہ اخبارات کی صحافت میں قدم رکھا۔ 'قومی آواز' اور 'انقلاب' میں کام کر کے نیز کالم نگاری کی خدمات انجام دے کر اپنی ملک گیر شناخت قائم کی۔ خواتین کی نمائندگی کا ایک قابلِ ذکر رسالہ 'روشنی' تھا جو ہاجرہ بیگم دہلی سے نکالتی تھیں، اِس کے سرِورق پر انجمن خواتینِ ہند کا ماہنامہ رسالہ درج ہوتا تھا اور خواتین پر ہی مضامین شائع ہوتے تھے۔

یہاں خواتین کے دو اہم رسائل کا ذکر ضروری ہے، جو آزادی سے پہلے جاری ہوئے لیکن برسوں پابندی کے ساتھ نکلتے رہے۔ جدید طرز کا رسالہ 'بانو' جس کو سعدیہ دہلوی مرتب کرتی تھیں، بہت مقبول ہوا لیکن بند ہوگیا، 'خاتونِ مشرق' جو پُرانے ڈھنگ کا رسالہ ہے اور آج بھی شائع ہو رہا ہے۔ خواتین کا ایک اور اہم رسالہ 'حریم' ہے، جو ۱۹۳۰ء سے شائع ہو رہا ہے۔ ماہنامہ 'حجاب' رامپور بھی ۱۹۶۸ء سے شائع ہو رہا ہے اور اُمّ صہیب اِس کی ایڈیٹر ہیں۔ اِن کے علاوہ بھی کئی رسائل ہیں، جو خواتین نکال رہی ہیں۔ بھوپال کی سلطانہ حجاب نے برسوں روزنامہ 'ندیم' میں کام کیا اور اس کے لیے خواتین کا صفحہ بھی مرتب کیا۔ اُردو صحافت میں اپنی پہچان بنانے والی ممبئی کی شیریں دلوی ہیں، جو 'اودھ نامہ' کی ایڈیٹر تھیں، دوسری کشمیر نژاد صحافی عالیہ ناز جے این یو کی تعلیم یافتہ ہیں اور

بی بی سی کا اُردو پروگرام پیش کرتی ہیں، وسیم راشد نے روزنامہ 'راشٹریہ سہارا' سے اُردو صحافت میں قدم رکھا لیکن آج اُردو ہفت روزہ 'چوتھی دنیا' کی مدیرہ ہیں۔ نازیہ نوشاد 'راشٹریہ سہارا' پٹنہ کی اور زرّیں فاطمہ 'انقلاب' پٹنہ کے نائب مدیر کی خدمات انجام دے رہی ہیں۔ ڈاکٹر شمع افروز زیدی دہلی اُردو اکادمی کے بچوں کے رسالے 'اُمنگ' کے سب ایڈیٹر اور ۲۰ ویں صدی کی ایڈیٹر رہی ہیں، اِسی طرح 'محفلِ صنم' کی ایڈیٹر کی حیثیت سے شہلا نواب اُردو صحافت میں اپنی مخصوص شناخت رکھتی ہیں۔ 'پاکیزہ آنچل' مقبولِ عام ڈائجسٹ ہے جسے غزالہ صدیقی سلیقہ کے ساتھ مرتب کر رہی ہیں۔

صحافت کا ایک اہم شعبہ ادبی صحافت ہے، جس کی نمائندگی جرائد و رسائل کے ذریعہ ہوتی ہے۔ الٰہ آباد سے شائع ہونے والا سہ ماہی 'پہچان' ادبی و تنقیدی رسالہ ہے اِس کی ادارت زیب النساء اور اشفاق نعیم کے سپرد ہے۔ ایک اور ادبی رسالہ 'شعر و حکمت' میں فاطمہ شعری معاون مدیرہ کی حیثیت سے کام کر رہی ہیں۔ مقبول عام ادبی رسالہ 'آج کل' دہلی میں نرگس سلطانہ معاون ایڈیٹر کی حیثیت سے طویل عرصہ تک خدمات انجام دے چکی ہیں، خواتین کا رسالہ 'بزمِ ادب' علی گڑھ سال میں ایک بار جنوری میں شائع ہوتا رہا ہے اور اِس کی ایڈیٹر مشہور ادیب و شاعر خلیل الرحمن اعظمی کی اہلیہ راشدہ خلیل ہیں۔ اِسی طرح 'بزمِ ادب' کو خواتین کی صحافت میں اِس لیے امتیاز حاصل ہے کہ اِس میں صرف خواتین کی ہی تحریریں شائع ہوتی ہیں۔ ڈاکٹر رضیہ حامد جو افسانہ نگار، ناقد اور محقق بھی ہیں طویل عرصہ سے سہ ماہی 'فکر و آگہی' نکال رہی ہیں، اِس کے ضخیم خاص نمبروں نے بڑی مقبولیت حاصل کی ہے۔ مشہور ادیبہ پروفیسر شفیقہ فرحت نے اپنا ادبی کیریئر صحافت سے ہی شروع کیا اور ماہنامہ 'کرنیں' ناگپور سے نکالا تھا، بھوپال آکر بھی انھوں نے ادبی رسائل کے لیے مستقل لکھا اور طنز و مزاح نگار کی حیثیت سے اپنی کُل ہند شناخت

قائم کی۔ مشہور افسانہ نگار سلمیٰ صدیقی نے بھی اپنے پہلے شوہر خورشید عالم منیری کے ساتھ مل کر دہلی سے ادبی ماہنامہ 'شعاعیں' ۱۹۵۰ء میں نکالا تھا۔ کرشن چندر کے تعاون سے اِسے مقبولیت بھی ملی لیکن جاری نہیں رہ سکا۔

زبان وادب کی ترقی میں روزنامہ اخبارات اور ادبی رسائل کا شروع سے بنیادی حصّہ رہاہے، جن کے ذریعہ نئی نسل کی ذہنی تربیت اور اپنی زبان کے رموز ونکات سے آگاہی ہوتی رہی ہے۔ لہٰذا قومی اُردو صحافت میں خواتین کی نمائندگی پر مشتمل اِس تفصیلات کے بعد اُردو روزناموں میں خواتین کے لیے جو مخصوص مواد شائع ہو رہاہے اِس کا ذکر بھی ضروری ہے۔ ہندوستان کے سبھی اہم اُردو روزناموں میں عورتوں کے لیے صفحات یا کالم مخصوص ہیں۔ جن میں اوّل خواتین کے مضامین، کہانی، نظم، غزل یا اُن کے مسائل کو لیا جاتاہے۔ بمبئی کے روزنامہ 'انقلاب' (آٹھوں ایڈیشن) اور 'اردو ٹائمز' کے علاوہ کلکتہ کے 'اخبارِ مشرق' (سات ایڈیشن)، آبشار'، 'آزاد ہند'، پٹنہ کے 'قومی تنظیم'، حیدرآباد کے 'سیاست' اور 'منصف'، دہلی اور حیدرآباد کے 'ملاپ'، 'صحافت'، 'ہمارا سماج' دہلی، لکھنؤ کے 'آگ' اور بنگلور کے 'سالار'، 'پاسبان' یا بھوپال کے 'ندیم' وغیرہ میں ہفتہ کے کسی ایک دن خواتین کے لیے مخصوص مواد کی اشاعت عرصہ سے ہو رہی ہے۔ روزنامہ 'راشٹر یہ سہارا' کے سبھی ایڈیشنوں میں بھی اتوار کے دن شائع ہونے والے 'اُمنگ' میں نصف صفحہ خواتین کے لیے مخصوص ہے۔

عالمی پیمانے پر جائزہ لیں تو خاتون صحافیوں کی خدمات سے سب سے زیادہ مستفید ہونے والا شعبہ پہلے ریڈیو اور آج ٹی وی ہے، ریڈیو اور ٹی وی پر اُردو خبریں پڑھنے والی خواتین نے کروڑوں سامعین سے اپنی صلاحیت کا لوہا منوایا ہے۔ برصغیر ہندوپاک ہی نہیں بی بی سی لندن، وائس آف امریکہ، ریڈیو ماسکو اور ہندوستان و پاکستان کی مختلف

ریاستوں میں بچوں کے اُردو پروگرام خواتین ہی کمپیر کر رہی ہیں، ٹی وی پر بھی اُن کی نمائندگی مسلسل بڑھ رہی ہے۔

اِس جائزہ سے آپ اندازہ لگا سکتے ہیں، خواتین کی جس طرح ہر شعبے میں نمائندگی بڑھ رہی ہے اُردو صحافت میں بھی اُن کی پیش رفت جاری ہے۔

(۷) صحافت میں خواتین کا کردار

شہناز تاتاری

"وجود زن سے تصویر کائنات میں رنگ" اس میں کوئی شک نہیں کہ دنیا کی یہ رنگا رنگی خواتین کے دم قدم سے ہے۔

گھر اس وقت تک مکمل نہیں ہوتا جب تک اس میں خاتون خانہ موجود نہ ہو، کہنے کو تو وہ شریک حیات بھی ہے، ماں کے عظیم رتبے پر بھی فائز ہے، وہ ایثار و فرض شناسی کی بہترین مثال ہے اور اس کی یہی خوبی اسے باہر کی دنیا میں بھی ممتاز مقام دلاتی ہے۔

جہاں افراد زندگی کو منفرد انداز میں گزارنے کے لیے مختلف شعبوں میں اپنی خدمات انجام دیتے ہیں تاکہ وہ معاشی و معاشرتی طور پر اپنے آپ کو اس قابل بنا سکیں کہ سفر زیست پر آسائش ہو سکے، دنیا کے تیزی سے بدلتے ہوئے رجحانات نے بہت سے شعبوں کو متعارف کروایا ہے۔

طب، انجینئرنگ، ٹیکنالوجی کے قدم رجحانات آج یکسر بدل گئے ہیں مگر وہ علوم ابھی بھی باقی ہیں جن کی بنیاد پر یہ معاشرہ کھڑا ہے۔

صحافت بھی ایک ایسا شعبہ ہے جو زمانہ قدیم سے ہی انسان کے ساتھ سفر کر رہا ہے۔ وقت کے ساتھ ساتھ اس کی ہیئت تبدیل ہوتی رہی ہے۔

پتھر کی سلوں اور درختوں کی چھال سے ہوتا ہوا دریا کے کنارے ریت پر اشکال میں ڈھل تصویری رسم الخط تک پہنچا۔ کامیابی کا سفر کبھی سست روی کا شکار رہا اور کبھی

برق رفتار گھوڑے کی طرح منزل پر پہنچ گیا۔

آج صحافت جس شکل میں ہے وہ صدیوں کی عرق ریزی کا نتیجہ ہے آج اس نے ایسے ہتھیار کی شکل اختیار کرلی ہے جو مرہم اور زخم دونوں لگانے کی صلاحیت رکھتا ہے۔

تمہید ذرا طویل ہوگئی ہے معافی کی درخواست گزار ہوں، جہاں تک صحافت میں خواتین کا کردار ہے تو میں بتاچکی ہوں کہ وہ فطرتاً محنتی اور ایماندار ہوتی ہیں ان کی رسائی چونکہ مردوں کی نسبت فیلڈ میں کم ہوتی ہے وہ اپنے کام پر بھرپور توجہ دیتی ہیں۔

یادش بخیر آج سے چار دہائیاں قبل جب میں نے اور میرے ساتھ کی خواتین نے اس شعبے میں قدم رکھا تو یقین جانیے ہمیں ایسا محسوس ہوتا تھا کہ ہم کسی بہت بڑے منصب پر فائز ہوگئے ہیں اور ہمارے معاشرے میں پھیلی برائیوں اور ناانصافیوں کو روکنا ہماری ذمہ داری ہے۔

ہمارے ایڈیٹرز نے بھی ہمیں یہی باور کرایا تھا کہ آپ لوگوں کے مددگار ہیں آپ نے سرکاری اداروں کی بے قاعدگیوں کی نشاندہی کرنی ہے، معاشرتی بگاڑ کو دور کرنے میں اپنا کردار ادا کرنا ہے اور پوری دیانتداری سے اپنے فرائض منصبی ادا کرنے میں سرکاری ہسپتالوں میں جائیں دیکھیں نادار مریضوں کو ادویات اور علاج معالجے کی سہولیات مسیر آ رہی ہیں۔

اپنے علاقے کے تعلیمی اداروں کی کوریج کیجیے تاکہ بچوں کی حوصلہ افزائی ہو۔ کوتاہیوں کی نشاندہی اسی انداز میں کیجیے کہ انتظامیہ اصلاح کی جانب توجہ دے سکے۔

ان اداروں میں جائیں جن کا تعلق براہ راست پبلک سے ہے اور دیکھیں کہ وہ اپنے امور کس طرح انجام دے رہے ہیں۔

یہ وہ درس ہوتا تھا جو صبح ہر صحافی جس میں مرد و خواتین کی کوئی تخصیص نہیں ہوتی

تھی ملکر اپنی صحافتی ذمہ داریوں کا آغاز کرتا تھا۔

جس زمانے کی میں بات کر رہی ہوں اس وقت فیلڈ میں گنتی کی چند خواتین ہوتی تھیں راولپنڈی اسلام آباد میں محترمہ فریدہ حفیظ صاحبہ، شیخ اکرام الحق، انیس مرزا صاحبہ، فوزیہ شاہد، رباب عائشہ، انور سلطانہ، صالحہ اور بھی کئی خواتین ہوں گی مگر یہ سب اپنے شعبے میں نمایاں مقام رکھتی تھیں۔

اس زمانے میں خواتین کے صفحے ادب پارے کی حیثیت رکھتے تھے۔ موبائل اور انٹرنیٹ نہیں تھا تو لوگ اخبار بہت شوق سے پڑھتے تھے۔

محترمہ رباب عائشہ کا اس وقت روزنامہ جنگ میں چھپنے والا خواتین کا صفحہ بے حد مقبول تھا اندازہ ان خطوط سے لگایا جاتا جو پسندیدگی کی سند کے طور پر موصول ہوتے۔

فریدہ حفیظ کی رپورٹنگ مضامین اور شمیم اکرام الحق کی خوبصورت اور جاندار تحریریں، شاعری آج بھی پرانے قارئین کو یاد ہوں گی۔ محترمہ انیس مرزا انگریزی اخبار سے وابستہ ایسی کالم نگار اور رپورٹر تھیں جن سے بڑے بڑے حکومتی عمائدین بھی کنی کتراتے تھے۔

کیونکہ ان کا قلم کاٹ دار تھا۔ فوزیہ شاہد نے میگزین روزنامے کے علاوہ صحافتی تنظیموں میں بھی اپنا بھرپور کردار ادا کیا۔

انور سلطانہ نے نوائے وقت میں ایک طویل عرصہ اپنے ہنر کا جادو جگایا اور اس کے بعد کئی اخباروں میں کام کیا۔

صحافت میں جو فرق آج اور کل میں ہے وہ بڑا واضح ہے، اپنے دور میں ہم خواتین پیدل اور بسوں ویگنوں میں سفر کرتے تھے سب کا یہی حال تھا۔

اپنے پروفیشن سے محبت نے ہمیں کبھی تھکنے نہیں دیا کیونکہ ہمارے نزدیک اس

وقت صحافت ایک مشن اور عبادت کا درجہ رکھتی تھی، اگر آج کے دور کا موازنہ کیا جائے تو آج کی صحافی خواتین نے پرانی صفات چھوڑ نئے زمانے کے رنگ اپنا لیے ہیں، وہ زیادہ پُر جوش اور بااعتماد ہیں۔

آنکھوں میں آنکھیں ڈال کر بات کرنے کا ہنر جانتی ہیں۔ یوں بھی وہ صحافت دم توڑ گئی جس کا مقصد معاشرتی فلاح و بہبود لوگوں کی خدمت اور مفلس اور نادار لوگوں کو انصاف دلوانا تھا۔

لفظوں کی حرمت کو ہر حال میں برقرار رکھنا تھا۔ مگر آج کے دور میں لفظ بے توقیر ہو چکے ہیں۔ زمانے کے چلن کے ساتھ ساتھ ہر شعبے میں بدلاؤ آ گیا ہے۔ سچائی، نیکی، ایمانداری ان کے مفہوم بھی بدل گئے ہیں۔

زمانہ قیامت کی چال چل گیا ہے مگر ہم پرانے دور کی صحافی خواتین آج بھی ان روایتوں میں زندہ اور پرانی اقدار کے سہارے جی رہی ہیں۔

آج کی صحافی خواتین جن سنہری اصولوں پر گامزن ہیں اس سے ان کی ترقی کی راہیں کھل گئی ہیں۔ آج پبلک کی بھلائی نہیں اقتدار کے ایوانوں میں رسائی ہے۔

عوام کے مسائل کی نشاندہی کی صحافت کی بجائے سیاسی جماعتوں کی ترجمانی عروج پر پہنچ چکی ہے، سب سے بڑے ناقدین تو عوام خود ہیں جو چاہے سوشل میڈیا ہو یا مرغے لڑاتے ٹاک شوز ہر طرف فیڈ بیک یہی ملتا ہے کہ صحافی بکاؤ ہیں اس رائے کو سنجیدگی سے لینے کی اشد ضرورت ہے تاکہ صحافت جو پیغمبرانہ پیشہ ہے اس کی آبرو بچائی اور قائم رکھی جا سکے۔

(۸) میڈیا اور مسلم خواتین

سید فاضل حسین پرویز

وقت کے ساتھ ساتھ جب اس کا دائرہ وسیع ہوا اور الکٹرانک میڈیا کا آغاز ہوا تب سے اس کا مفہوم بدل گیا۔ یہ اور بات ہے کہ اب بھی ہم میں سے بیشتر کا یہ ایقان ہے کہ ذرائع ابلاغ کی بدولت ہم ہر اس شئے، واقعات اور حالات سے باخبر ہوتے ہیں جس سے ہم لاعلم ہوا کرتے ہیں۔ مگر اب یہ ایک حقیقت ہے کہ ذرائع ابلاغ کی تعریف و تشریح اور اس کی ایک خفیہ مشن سے 'ہم میں سے شاید بہت کم لوگ واقف ہوں گے۔

1897ء میں سوئیزرلینڈ کے شہر بیسل میں یہودی دانشوروں کی کانفرنس ہوئی تھی' جس میں 19 چیاپٹرس پر متشمل ایک دستاویز تیار کی گئی جس میں انہوں نے دنیا پر حکومت کرنے، پریس کو قابو میں لانے اور تعلیم کے ذریعہ ذہن کی تبدیلی کا منصوبہ پیش کیا تھا۔ اس منصوبہ پر یہودی 117 برس سے کامیابی کے ساتھ عمل کررہے ہیں اور آج دنیا پر ان کی حکومت اس طرح ہے کہ ہے امریکہ میں آباد ڈھائی فیصد یہودی ساڑھے ستانوے فیصد امریکیوں پر حکومت کررہے ہیں۔ دنیا کے 96 فیصد ذرائع ابلاغ پر یہودیوں کا کنٹرول ہے' عالمی خبر رساں ادارے ریوٹر، اسوسی ایٹیڈ پریس، یونائٹیڈ پریس، فرانس نیوز ایجنسی جیسے عالمی خبر رساں ادارے ان کے زیر کنٹرول ہیں۔ ساری دنیا کے ہزاروں اخبارات، جرائد و رسائل اور ٹیلیویژن چیانلس کو یہی اپنی پالیسی کے مطابق خبریں، مضامین، فیچرس اور تصاویر جاری کرتے ہیں۔ ساری دنیا وہی دیکھتی اور پڑھتی ہے جو

یہودیوں کے زیر کنٹرول ادارے پیش کرتے ہیں۔

ہالی ووڈ کی تمام بڑی فلم کمپنیوں کے وہ مالک ہیں جن میں فوکس کمپنی، گولڈن کمپنی، میٹرو کمپنی، وارنر برادرس اینڈ کمپنی اور پیراماؤنٹ کمپنی شامل ہیں۔ ان فلم کمپنیوں نے عالمی معاشرے میں عریانیت، فحاشی، اخلاقی گراوٹ پیدا کی اور ان کا سب سے بڑا نشانہ عالم اسلام اور مسلمان رہے۔ انہوں نے ایسی کئی فلمیں بنائیں جس کے ذریعہ اسلام اور مسلمانوں کی تصویر مسخ کی گئی۔ یہودیوں کو مظلوم 'مسلمانوں کو دہشت گرد ثابت کیا گیا۔ مسلم یا عرب خواتین کو عیاش اور ہوس پرست دکھایا گیا۔ "لارنس آف عربیہ ہو یا خرطوم، دریائے نیل کی طغیانی ہو یا نارتھ سوڈان یا پھر جنرل پائن" جیسی فلمیں ہیں۔ اسی طرح اپنی طویل مدتی منصوبہ کے تحت انہوں نے خبر رساں اداروں، اخبارات اور ٹیلیویژن چیانلس کو اپنے کنٹرول میں کیا۔ یہی حال اخبارات کا ہے 'سب سے بڑا گروپ روپرٹ مروخ کا ہے جو کئی ٹیلیویژن کمپنیوں کے مالک ہیں اور ان کے گروپ کے تحت سینکڑوں کی تعداد میں اخبارات وجرائد اور رسائل شائع ہوتے ہیں۔ مروخ ایک یہودی نسل ہے اس نے سب سے پہلے پیج 3 کے نام سے اخبارات میں عریانیت کو روشناس کروایا۔ آج 95 فیصد اخبارات، جرائد اور رسائل اسی نقش قدم پر گامزن ہیں۔ ایسا ہی حال ٹیلیویژن چیانلس کا ہے۔ تقریباً سبھی بین الاقوامی ٹیلیویژن چیانلس یہودیوں کے زیر کنٹرول ہیں جس کے ذریعہ دنیا کو ایک تباہی کے دہانے پر پہنچادیا گیا ہے۔ 24x7 ٹیلویژن چیانلس نے لمحہ بہ لمحہ حالات سے باخبر کرنے کی آڑ میں ساری دنیا کو ایک ایسی اخلاقی گراوٹ کا شکار کر دیا جہاں سے اوپر اٹھنا اب ناممکن ہے۔ اے بی سی، ایم بی ایس، سی این این، سی بی سی، پی بی ایس جو اگرچہ کہ امریکن ٹیلیویژن کمپنیاں ہیں مگر یہودی لابی کے زیر کنٹرول ہے جنہوں نے میڈیا کے اس موثر وسیلہ کو دنیا میں نفرت پھیلانے، تشدد

بھڑکانے، خواتین کے مقام کو گھٹاتے ہوئے اسے ذلیل کرنے کی کوشش کی حتیٰ کہ میڈیا کے ان ذرائع نے صنف نازک پر اس حد تک ظلم کیا کہ بڑھتی ہوئی آبادی سے دنیا کو درپیش خطرات کا پروپگنڈہ کرتے ہوئے فیملی پلاننگ کو عالمی سطح پر لازمی قرار دینے کی کوشش کی۔۔۔۔۔۔۔۔۔ ایک طرف آنے والی نسل کو روکا گیا دوسری طرف اس یہودی لابی نے مختلف امراض کے وائرس اور مختلف ممالک میں خانہ جنگی کے حالات پیدا کرکے لاکھوں افراد کو موت کے گھات اتروایا اور آبادی پر قابو پانے کی کوشش کی۔ یہودی لابی کے زیر کنٹرول ذرائع ابلاغ نے غیر محسوس طریقوں سے عالم اسلام کو اپنا نشانہ بنایا۔ کارٹون، سیریلس کے ذریعہ بچوں کو اپنا گرویدہ بنایا اور غیر محسوس طریقہ سے ان کارٹونوں کے ذریعہ مشرکانہ عقائد، بداخلاقی کے زہر کو بڑی مہارت کے ساتھ ان کے ذہن نشین کیا گیا۔ عرب خواتین کو غیر محسوس طریقہ سے اسلامی معاشرے کے خلاف بغاوت پر آمدہ کیا جانے لگا۔ ٹیلیویژن پروگرامس کے ساتھ ساتھ یہودی لابی نے وہاں کے اخبارات میں اپنے ہم خیال ایسے خاتون صحافیوں اور مدیران کی خدمات کو یقینی بنایا جو شکر میں چھپا کر زہر پیش کرتی ہیں اس کا نتیجہ یہ ہوا کہ آج عالم عرب میں سب سے زیادہ کاسمیٹکس استعمال ہوتے ہیں اور سب سے زیادہ پرفیومس کا استعمال ہوتا ہے۔ سب سے زیادہ فیشن یہیں پر کیا جانے لگا ہے۔

بہرحال 117 برس پہلے یہودیوں نے جو منصوبہ بنایا تھا اس میں وہ کامیاب ہو چکے ہیں۔ انھوں نے ذرائع ابلاغ کو سب سے بڑا ہتھیار بنا دیا چنانچہ اب جتنی جنگیں لڑی جارہی ہیں یا لڑی جائیں گی وہ ہتھیاروں سے زیادہ میڈیا کے ذریعہ لڑی جارہی ہیں۔ سب سے خطرناک اور موثر ہتھیار پروپگنڈہ، افواہ سازی اور لوبے ئنگ ہے۔ پہلے کسی کے خلاف عالمی رائے عامہ ہموار کرنے کے لئے پروپگنڈہ اور افواہ سازی کی جاتی ہے۔ پھر اس

کے خلاف کاروائی کی جاتی ہے۔ اس کی کئی مثالیں ہیں۔ جیسے پہلی بار سوڈان کے خلاف امریکی فوجی کاروائی کی گئی تو اقوام متحدہ کے سابق سکریٹری جنرل بطرس غالب کے بموجب دس سال تک میڈیا کے ذریعہ رائے عامہ ہموار کی گئی۔ ٹیلیویژن چیانلس اور اخبارات میں تصاویر کے ذریعہ سوڈان کی حالات کی بگڑی ہوئی تصویر دکھائی گئی۔ اور دنیا کو باور کروایا گیا کہ امریکی فوج کا سوڈان میں داخلہ ضروری ہے۔ عراق، افغانستان میں بھی ایسے ہی کیا گیا۔ میڈیا کے ذریعہ پروپگنڈہ کیا گیا کہ عراق اور افغانستان القاعدہ جیسی تحریکات کے مراکز ہیں۔ اور پھر ان دو ممالک کو تہس نہس کر کے رکھ دیا گیا۔ ان دو ممالک میں اکریکہ کے زیر قیادت اتحادی فوج کے کیلئے سب سے زیادہ اہم رول کسی نے اگر کیا تو وہ سی این این کی خاتون صحافیوں نے۔ سی این این جو 1980ء میں قائم کیا گیا اس نے باقاعدہ یہ اعلان کیا کہ آپ ہمیں خبر دیجئے ہم آپ کو جنگ کا میدان دیں گے۔ سی این این کے نامہ نگاروں میں خواتین بھی تھیں' جو مختلف شخصیات سے انٹرویو لیتیں' سی این این پر لائیو ٹیلیکاسٹ ہوتا وہ ان مقامات کی نشاندہی کرتیں جہاں اہم قائدین ہوتے' کچھ دیر بعد اتحادی افواج ان علاقوں پر بمباری کرتے۔ سی این این نے خلیجی جنگ کے دوران ایک ہزار کروڑ ڈالر کا منافع حاصل کیا تھا۔ افغانستان کی تباہی میں ایک خاتون صحافی کا بڑا اہم رول رہا جس نے سب کچھ تباہ و تاراج ہونے کے بعد مشرف بہ اسلام ہونے کا اعلان کیا۔

پرنٹ اور الکٹرانک میڈیا کے ذریعہ ساری دنیا میں یہودی لابی نے تباہی پھیلائی۔ ان کا مقصد صرف اور صرف یہی تھا کہ وہ مختلف قوموں کو میڈیا کے ذریعہ عیش پسندی اور فحاشی میں مبتلا کرتے ہوئے انہیں اخلاقی بحران سے دوچار کرے۔ انہیں اپنے اپنے ملک کے ارباب اقتدار کے خلاف علم بغاوت بلند کرنے کے لئے مجبور کرے اور ان کے

ذہنوں پر، دلوں پر، دماغوں پر قبضہ کرسکے۔ عالم عرب کے عربی اور انگریزی اخبارات کے ذریعہ خاتون صحافیوں کے ذریعہ ہی برائی کو پھیلایا جارہا ہے ان میں "شرق الوسط" سب سے نمایاں اخبار ہے جو خواتین کی ذہنی تطہیر کرتا ہے۔ اگر ان خاتون صحافیوں کے خلاف اعتراض کیا جاتا ہے تو اسلامی قوانین کو سیاہ قوانین یا ظالمانہ قوانین، خواتین کے ساتھ امتیازی سلوک، ان کی آزادی پر پابندی کے الزامات نہ صرف عائد کئے جاتے ہیں بلکہ اس قدر پروپگنڈہ کیا جاتا ہے کہ ان اسلامی ممالک کو عالمی برادری میں اپنے آپ کو اعتدال پسند ثابت کرنے کے لئے کھلی چھوٹ دینی پڑتی ہے۔ پاکستان ہی ایک ایسا ملک ہے جہاں میڈیا میں ہر پانچ میں سے ایک صحافی خاتون ہیں۔ تاہم وہاں بھی انہیں اپنے ساتھ امتیازات کی شکایت ہے۔ پاکستان ویمن میڈیا سنٹر کی ڈائرکٹر فوزیہ شاہین کے مطابق میڈیا سے وابستہ خواتین کا سب سے بڑا مسئلہ یہ ہے کہ ایک طرف وہ مساوات کا مطالبہ بھی کرتی ہیں' دوسری طرف بحیثیت خواتین وہ خصوصی موقف بھی چاہتی ہیں۔ پاکستان کا یہ المیہ ہے کہ وہاں کی خاتون صحافیوں کی اکثریت کو برین واش کیا گیا ہے۔ دو سال پہلے ساؤتھ ایشین ویمن اِن میڈیا پاکستان چیاپٹر کے زیر اہتمام خاتون صحافیوں کا ایک اجلاس طلب کیا گیا تھا جس میں شریک 110 خواتین نے اپنے سینوں پر بیاچس لگائے تھے جس پر لکھا تھا "میں ملالہ ہوں" یہ دراصل ملالہ کے ساتھ یگانگت کا اظہار تھا۔ یہ اور بات ہے کہ کم عمر ملالہ کے نام سے مستقل ڈائری بی بی سی کا نمائندہ لکھتا رہا اور پاکستان کے حالات کو ملالہ کے نام سے دنیا کے سامنے پیش کرتا رہا۔ ایران، قطر، مصر، متحدہ عرب امارات کے معاشرہ کو تباہ کر دیا گیا۔ ہندوستان بھلا اس سے کب محفوظ رہ سکتا۔ پہلے پرنٹ میڈیا کے ذریعہ پھر فحش لٹریچر کے ذریعہ، فلموں کے ذریعہ اور انٹرنیشنل ٹیلیویژن چیانلس کے ذریعہ ہندوستانی معاشرے کو یہاں کے مشرقی اقدار کو مغربی تہذیب سے آمیزہ کر دیا

گیا۔ پرنٹ میڈیا میں فحش لٹریچر ہر زبان میں عام کر دیا گیا۔ خواتین کے رسائل کے ذریعہ خواتین کو رہنمائی کے بجائے انہیں گمراہی کی کوشش اب بھی جاری ہے۔ الکٹرانک میڈیا کا حال اور بھی بُرا ہے۔ اس نے خواتین کے حقوق، ان کے مساوات، ان کے آزادی کے نام پر انہیں اس حد تک ذلیل، رسوا کیا کہ خواتین اپنی نظروں سے آپ گرنے لگیں۔ پرنٹ اور الکٹرانک میڈیا نے انہیں بے حیا منا دیا۔ شوہروں سے بے وفائی کو کلچر کا حصہ بنا دیا۔ مشرقی اقدار اور روایات سے انحراف کو ذہنی انقلاب کا نام دیا گیا۔ نہ تو ایسی فلم ہے اور نہ ہی ایسا کوئی ٹیلیویژن پروگرام چاہے وہ سیریل ہو یا کوئی نیوز بلیٹن جسے ایک شریف خاندان ایک ساتھ دیکھ سکے۔ کیوں کہ نیوز بلیٹن ہو یا فیملی پروگرامس اس کے درمیانی وقفہ میں اڈورٹائزنگ کے نام پر حیاسوز مظاہرے پیش کئے جاتے ہیں اور رسوا صنف نازک ہی ہوتی ہے۔ حتیٰ کہ خواتین پر جبر و ستم کے واقعات کو عبرت کے طور پر نہیں بلکہ تفریح کے طور پر پیش کیا جارہا ہے۔ ایک طرح سے خواتین کے استحصال کے نت نئے طریقوں سے واقف کروایا جاتا ہے۔ ہندوستانی میڈیا نے ترقی کے نام عورت کے مقام کو گھٹادیا ہے۔ مختلف انٹرنیشنل ٹیوی چیانلس پر جلوہ گر ہونے والی Female نیوز پرزنٹرس، اینکرس، فیشنل ماڈلس یا کوئی اور انہیں جس طرح سے پیش کیا جاتا ہے وہ آپ کی نظروں کے سامنے ہے۔ الکٹرانک اور پرنٹ میڈیا کے بیشتر اداروں نے صنف نازک کو اپنی تجارتی مقاصد کے لئے استعمال کیا ہے' ان کی حیثیت کبھی ریوینیو کلکٹرس کی بھی ہے اور سیاسی دلالی کی بھی۔ حال ہی میں راڈیا ٹیپس سے متعلق انکشافات ہوئے تھے جس میں برکھادت کا نام بھی ایک اسکام میں پایا گیا تھا۔

خواتین و حضرات! میڈیا کی حالت آپ کے سامنے ہے' شاید یہی وجہ ہے کہ ہمارے اعلیٰ تعلیم یافتہ مسلم لڑکیاں اور خواتین اسے پیشے کے طور پر اختیار کرنے سے

گریز کرتی ہیں۔ اردو صحافت سے خاتون صحافیوں کی وابستگی کی تاریخ لگ بھگ 106 سال قدیم ہے۔ جب 1908ء میں علامہ راشد الخیری نے رسالہ عصمت جاری کیا تھا۔ میں یہاں خواتین کے رسائل، جرائد یا ماضی میں جو مسلم خواتین صحافت سے وابستہ رہیں اُن کے تذکرہ کے بجائے ان کا ذکر مناسب سمجھتا ہوں جو اس وقت عملی طور پر وابستہ ہیں۔

جہاں تک میڈیا میں مسلم خواتین کا تعلق ہے' مسلم خواتین کو ہم دو زمروں میں تقسیم کرسکتے ہیں۔ ایک وہ جن کے نام مسلم یا اسلامی ضرور ہیں مگر اسلامی شعائر سے ان کا کوئی تعلق نہیں۔ دوسرے وہ جو اسم بامسمی ہیں۔ حالیہ عرصہ کے دوران زندگی کے ہر شعبے میں خواتین اپنے وجود کا احساس دلا رہی ہے۔ اعلیٰ تعلیم کی بدولت یہ سمندروں کی گہرائی میں بھی نظر آئیں گی اور خلاؤں میں بھی ان کا وجود دیکھا جاسکتا ہے۔ ٹیچنگ، میڈیکل پروفیشن میں ان کی تعداد قابل لحاظ ہے مگر حیرت کی بات ہے کہ میڈیا میں ان کا تناسب کم نظر آتا ہے۔ اس حقیقت سے انکار نہیں کیا جاسکتا کہ ذہنی اور تخلیقی صلاحیتوں کے اعتبار سے خواتین کسی طرح سے بھی مردوں سے کم نہیں' یہ اور بات ہے کہ جسمانی طور پر وہ مردوں کی طرح مشقت نہیں کرسکتیں۔ جہاں تک ہندوستان کا تعلق ہے اگر میڈیا میں مسلم لڑکیوں یا خواتین کا جائزہ لیا جائے تو اعداد و شمار مایوس کن ہیں۔ حالانکہ مسلم خواتین نے ہر شعبہ حیات میں اپنے آپ کو منوایا ہے۔ شعر و ادب ہو یا تحقیق کا فن' خواتین کی خدمات سے تاریخ کے اوراق بھرے پڑے ہیں۔

اس وقت سرینگر سے سیدہ نسرین نقاش "بین الاقوامی صدا" ادبی رسالہ شائع کرتی ہیں۔ لکھنؤ سے محترمہ شاہدہ صدیقی نے "سب رنگ نو" جاری کیا ہے۔ سہ ماہی "انتساب" کی مدیرہ آسیہ صیفی ہیں۔ سہ ماہی "کوہسار" کی معاون مدیر نینا جوگن ہیں۔ دو ماہی "گلبن" کی معاون مدیرہ ثریہ ظفر ہاشمی ہیں۔ برکت اللہ یونیورسٹی بھوپال کی

کو آرڈینیٹر ڈاکٹر مرضیہ عارف اس وقت ایک فری لانس جرنلسٹ کے طور پر مشہور ہیں ان کے مضامین ہندوستان بھر میں شائع ہوتے ہیں۔ نور جہاں ثروت مرحومہ قومی آواز کی ایڈیٹر رہیں۔ مذہبی ماہنامہ "آستانہ" کی ایڈیٹر بیگم ریحانہ فاروقی ہیں۔ "محفل صنم" دہلی کی ایڈیٹر شہلا نواب اور "حجاب" رامپور کی مدیرہ ام صہیب ہیں۔ پاکیزہ آنچل کی مدیرہ غزالہ فاروقی ہیں۔ جیسا کہ آپ جانتی ہیں کہ مسلم خواتین میں اعلیٰ تعلیم اور عصری علوم کا رجحان بیسویں صدی کے وسط سے پیدا ہوا مگر میڈیا پر ان کی توجہ بہت کم رہی۔ جہاں تک انگریزی صحافت کا تعلق ہے قرۃ العین حیدر "الیسٹریٹیڈ" ویکلی کی ایڈیٹر رہ چکی ہیں۔ سیما چشتی، سیما مصطفیٰ، حمیرہ قریشی، جانی پہچانی خاتون صحافی ہیں جو انگریزی صحافت سے وابستہ ہیں۔ رفعت نعیم قادری گجرات سے آن لائن انگلش دہلی "بالکل" کامیابی سے چلا رہی ہیں۔ حیدرآباد کی ریاستی حکومت کی ایوارڈ یافتہ راسیہ نعیم ہاشمی سیاست کے انگلش نیوز پورٹل کی ایڈیٹر ہیں۔ حیدرآباد سے شائع ہونے والے انگریزی ماہانہ جریدے "یو اینڈ آئی" کی مدیرہ ہما بلگرامی ہیں جو آئی ایچ لطیف کی بہو ہیں۔ "ممبئی میرر" کی کرائم رپورٹ نازیہ سید ہیں۔ ٹائمس آف انڈیا حیدرآباد سے بشریٰ بصیرت، ہنس انڈیا سے مس عسکری وابستہ ہیں۔ لبنیٰ آصف، ماریا اکرم (ٹائمس آف انڈیا دہلی)، وصفیہ جلالی (پی ٹی آئی) سے وابستہ ہیں۔ جہاں تک الکٹرانک میڈیا کا تعلق ہے' بہت کم مسلم خواتین اس سے وابستہ رہیں۔ سلمیٰ سلطان دوردرشن سے 30 سال تک (1967 سے 1997ء تک) وابستہ رہیں۔

نغمہ سحر جو سلام زندگی سے وابستہ ہیں' جانی پہچانی شخصیت ہیں جو کئی برس سے الکٹرانک میڈیا سے وابستہ ہیں۔ این ڈی ٹی وی، ایشین ایج اور آج تک سے وابستہ رہیں۔ شگفتہ یاسمین اور سعدیہ خان زی سلام سے وابستہ ہیں۔ سمیرہ خان اے بی پی نیوز کی اینکر

ہیں۔ عارفہ خانم شیروانی اور ثمینہ صدیقی راجیہ سبھاٹی وی سے وابستہ ہیں۔ افشاں انجم این ڈی ٹی وی سے وابستہ ہیں۔ مہ صدیقی، ماہ رخ، سمیع پاشاہ، ہیڈلائن ٹوڈے سے وابستہ ہیں۔ نفیس فاطمہ، اسریٰ شیری، کنیز اور خیر ون ٹی نیوز سے، عرفانہ فاطمہ، غوشیہ فرحانہ، شاہدہ پروین اور نیلوفر وابستہ ہیں۔ اس کے علاوہ منصف ٹی وی سے رضوانہ اینکر، قدسیہ اور سلویٰ نیوز پرزنٹیٹرس ہیں۔ ساکشی سے زینت النساء وابستہ ہیں۔ اس کے علاوہ دوردرشن حیدرآباد سے عرفانہ، غوشیہ عرفانہ وابستہ ہیں۔ منور خاتون، صبیحہ تبسم اور ممتاز صنم ادا بھی مختلف چیانل سے وابستہ ہیں۔ آج کی ابتدائی اجلاس کی مہمان فرحت رضوی سہاراٹی وی سے وابستہ ہیں۔ اس کے علاوہ محترمہ شمع افروز زیدی جو بیسویں صدی کی بھی مدیرہ رہیں۔ ای ٹی وی اردو سے بھی وابستہ رہیں اور ریڈیو کے لئے بھی وہ کامیاب ثابت ہوئیں۔

ان حقائق اور اعدادو شمار کے باوجود میڈیا میں مسلم لڑکیوں اور خواتین کی تعداد اتنی کم کیوں ہے؟ ڈاکٹر آمنہ تحسین جنہوں نے مطالعات نسواں اور نسوانی جہات جیسی معرکۃ الآرا تحقیقاتی کتابیں تصنیف کرتے ہوئے خواتین کی میدان ادب و تحقیق میں خدمات کو دنیاکے سامنے بڑی کامیابی کے ساتھ پیش کیا۔ ان کا کہنا ہے کہ شعور کی کمی ایک وجہ ہوسکتی ہے مگر اس سے زیادہ اہم وجہ ہیکہ مسلم لڑکیاں بنیادی طور پر مذہب کا پابند ہوتی ہیں اور آن اسکرین میڈیا کیلیئے وہ ذہنی طور پر اپنے آپ کو تیار نہیں کرپاتیں۔ اگر ہم آن اسکرین میڈیا کا جائزہ لیں اور ان وے وابستہ خواتین کا جائزہ لیں تو یہ احساس ہوتا ہے کہ کہیں نہ کہیں وہ اپنی حدیں پھلانگ کر آگئی ہیں۔ آمنہ تحسین کے الفاظ میں پرنٹ میڈیا کے لئے اور الکٹرانک میڈیا کے لئے آف دی اسکرین مسلم لڑکیاں اور خواتین بہتر انداز میں خدمات انجام دے سکتی ہیں۔ وہ اپنی تخلیقی صلاحیتوں کا بہتر سے بہتر مظاہرہ کرسکتے ہیں۔

کیا وجہ ہے کہ پرنٹ میڈیا سے بھی مسلم لڑکیوں کی بھی کم ہے؟ روشن خیال لڑکیاں بھی کم ہی نظر آتی ہیں' کہیں ایسا تو نہیں کہ وہ استحصال کا شکار ہوتی ہیں۔ اس کے جواب میں عائشہ مسرت خانم جو دکن کرانیکل کی کرائم رپورٹر رہیں اور اب کریم نگر میں آرڈی او ہیں' کہتی ہیں کہ خواتین کا استحصال تبھی ہوتا ہے جب وہ خود کو کمزور محسوس کرتی ہیں۔ اس کے لئے میڈیا کو کیوں ذمہ دار ٹھہرایا جاتا ہے جبکہ اس وقت آئی ٹی سیکٹر میں ملازم لڑکیوں اور خواتین نائٹ شفٹ ہی میں کام کرتی ہیں۔ ان کا کہنا ہے کہ اگر انہیں سرکاری ملازمت نہ ملتی تو وہ جرنلزم سے ہی وابستہ رہتیں۔ ایسے ہی خیالات کا اظہار غوثیہ عرفانہ نے کیا جو دوردرشن حیدرآباد سے وابستہ ہیں وہ جرنلزم میں ماسٹرس کی ڈگری کی حامل ہیں۔ وہ کہتی ہیں کہ دوردرشن ایک سرکاری ادارہ ہے' یہاں وہ اپنے آپ کو محفوظ کرتی ہیں۔ اپنے کیریئر کے دوران کبھی بھی لڑکی ہونے کی وجہ سے نہ تو احساس کمتری پیدا ہوا اور نہ ہی کبھی عدم تحفظ کا احساس۔ ای ٹی وی اردو سے وابستہ شبانہ جاوید' جن کا تعلق بہار سے ہے وہ الکٹرانک میڈیا سے وابستگی پر مسرور بھی ہیں اور مطمئن بھی۔ وہ اس لحاظ سے خوش نصیب ہیں کہ ان کے شریک زندگی جاوید صاحب اور ان کے سسرالی رشتہ دار ای ٹی وی سی وابستگی سے خوش ہیں۔ شبانہ جاوید ایک مذہبی گھرانہ سے تعلق رکھتی ہیں۔ پنج وقتہ نمازی ہیں۔ وہ صحافتی خدمات کے لئے امریکہ کا دورہ بھی کرچکی ہیں۔ جب ان سے پوچھا گیا کہ آخر مسلم لڑکیاں میڈیا سے وابستہ ہونے سے کیوں ہچکچاتی ہیں تو ان کا کہنا تھا کہ بہار اور مغربی بنگال میں بیشتر مسلم لڑکیوں کا ذریعہ تعلیم اردو ہے۔ اردو میڈیم کی ٹیچرس خود میڈیا کی اہمیت سے واقف نہیں۔ شعور بیدار کرنے کی کوئی تحریک نہیں ہے۔

حیدرآباد کی دو خاتون صحیفہ نگار ایسی بھی ہیں جنھوں نے اپنے آپ کو اسلامی آداب' حجاب میں رکھتے ہوئے صحافت کا پیشہ اختیار کیا ہے۔ سفینہ عرفات فاطمہ اور راسیہ نعیم

ہاشمی۔ دونوں ہی ایم سی جے ہیں اور دونوں ہی اپنی صلاحیتوں کو منوا چکی ہیں۔ دونوں ہی منصف سے وابستہ رہیں۔ سفینہ عرفات فاطمہ روزنامہ اعتماد کے خواتین کے صفحات (گوشہ خواتین) کی ایڈیٹر اور راسیہ نعیم ہاشمی روزنامہ سیاست کے انگلش پورٹل کی ایڈیٹر ہیں۔ دونوں نے ہی کئی فیچرس لکھے۔ خواتین کے انٹرویوز لئے۔ خواتین کی سمینار سمپوزیم کی رپورٹنگ بھی کیں۔ اور دونوں ہی آف دی اسکرین خدمات انجام دینے کے قائل ہیں۔ جہاں تک مسلم خواتین یا لڑکیوں کا میڈیا میں ٹاپ پوزیشن حاصل کرنے کا تعلق ہے 'بعض نے اس میں کامیابی حاصل کی' اپنی شناخت بنائی مگر اپنی اسلامی شناخت سے محروم ہو گئیں۔ اگرچہ کہ ان کے نام وہی ہے جو ان کے والدین نے رکھے تھے مگر مسلم معاشرہ میں ان کا وقار باقی نہیں رہا ان کے نام یہاں ظاہر کرنا مناسب نہیں ہے۔

پرنٹ، الکٹرانک میڈیا کے ساتھ ساتھ سوشیل میڈیا پر بہت ساری مسلم لڑکیاں اور خواتین اپنی صلاحیتوں کا مظاہرہ کر رہی ہیں مگر یہ ایک حقیقت ہے کہ پرنٹ میڈیا اب بھی مسلم لڑکیوں کے لئے ایک معقول شعبہ ہے چونکہ لڑکیوں میں تحریری اور تقریری صلاحیتیں بہتر ہوتی ہیں' وہ اپنے یعنی لڑکیوں اور خواتین کے مسائل کو بہتر انداز میں صحافت کے ذریعہ پیش کر سکتی ہیں۔ الیکٹرانک میڈیا کے لئے آف دی اسکرین خدمات انجام دے سکتی ہیں۔ اسکرپٹ رائٹر کی حیثیت سے' ایڈیٹر کی حیثیت سے اور دوسرے تکنیکی ماہرین کی حیثیت سے۔ ریڈیو الکٹرانک میڈیا میں مسلم خواتین کامیاب رہیں۔ صداکار، فنکار، اناؤنسر کے ساتھ ساتھ نیوز ایڈیٹر، فیچر نگار کی حیثیت سے وہ کامیاب رہ سکتی ہیں۔

پرنٹ اور الکٹرانک میڈیا سے وابستہ مسلم لڑکیوں یا خواتین کے تناسب میں کمی کے کئی وجوہات ہیں۔ صحافت 'خطرات سے اور جوکھم سے بھرپور پیشہ ہے جس سے کچھ عرصہ

کے لئے تو مسلم لڑکیاں وابستہ رہتی ہیں مگر معاشرتی مسائل کی وجہ سے زیادہ عرصہ تک اس سے وابستہ رہنا مشکل ہو جاتا ہے۔ دیگر شعبہ جات کی طرح صحافت میں لڑکیوں اور خواتین کے لئے ان کی سلامتی اور تحفظ کی ضمانت نہیں دی جاسکتی۔ اس کے علاوہ بھرپور صلاحیتوں کے باوجود ان کا معاوضہ مرد صحافیوں کے مقابلے میں کم ہوتا ہے۔ فیچر ایڈیٹر یا مضمون نگار کی حیثیت سے خواتین صحافت میں زیادہ کامیاب رہتی ہیں۔ رپورٹنگ کے شعبے میں بھی وہ کامیاب ہو سکتی ہیں مگر وسائل اور صلاحیتوں کو استعمال کرنے کے لئے جن لوگوں سے رابطہ قائم کرنا پڑتا ہے اس کی وجہ سے یہ اس سے دور رہتی ہیں۔

آن دی اسکرین خدمات جیسے نیوز پرزنٹیشن' اینکرنگ ان کے لئے زیادہ مناسب نہیں ہے' کیوں کہ گھر کی زینت شمع محفل بن جائے تو ازواجی زندگی متاثر ہونے کے اندیشے رہتے ہیں۔ یہی اندیشے اور احساسات کی وجہ سے ہماری بہنوں کی تعداد میڈیا میں کم نظر آتی ہے۔ میرے ان خیالات کو ذہنی پسماندگی یا جہالت کا نام دے سکتے ہیں۔ اور آپ ایسا کرتے ہیں تو بہ سر و چشم قبول ہے۔

حوالے:

مغربی میڈیا اور اس کے اثرات' از نذر الحفیظ ندوی

Jewish Control on Global Media, Jewish Declaration 1897

اردو صحافت نئے امکانات (مقالہ برائے پی ایچ ڈی از سید فاضل حسین پرویز)

(۹) دو سو سالہ اردو صحافت میں ہندوستانی خواتین کی حصہ داری

جبیں نازاں

اردو صحافت کے دو سو سالہ سفر میں خاتون صحافی کی شمولیت تقریباً ایک صدی بعد ہوئی۔

اس کے متعدد اسباب تھے -ان میں سب سے اہم سبب ہندستانی معاشرے میں خواتین کی تعلیم کا فقدان ہونا تھا– تعلیم یافتہ خاندان بھی لڑکیوں کے لیے ابتدائی تعلیم کو مکمل تعلیم تصور کیا کرتا تھا-بہت کم گھرانے تھے جہاں خواتین اعلیٰ تعلیم حاصل کرنے میں کامیاب ہو جایا کرتی تھیں ، لیکن اس عہد میں صحافت وغیرہ پیشہ اختیار کرنے کا دور دور تک تصور تک نہیں کیا جاسکتا تھا' کیوں کہ اس دور میں انگلی پہ شمار کی جانے والی چند ہی خواتین لکھ رہی تھیں،وہ بھی اپنا نام پوشیدہ رکھ کر۔ مثلاً، اے آر خاتون، ز،خ، ش، نذر سجاد حیدر یلدرم نے پہلا افسانہ بنت نذر الباقر کے نام سے لکھا ویسے ہی قرۃ العین حیدر نے بھی اپنا پہلا افسانہ چچا جان کے مشورے پر، لالہ رخ، فرضی نام سے شائع کروایا–

تحریک آزادی کے دوران میں جب سر سید احمد خاں کو اینگلو محمڈن اسکول قائم کرنے کا خیال آیا–اور انگریزی زبان کی تعلیم ہر ہندستانی کے لیے لازم کرنے کی وکالت کرتے رہیں' علماء اور مشائخ کی جانب سے شدید مخالفت فتاویٰ کے باوجود چند آزاد خیال کے حامل والدین نے لڑکیوں کو اسکول جانے کی اجازت دی–

کچھ عرصے بعد متوسط خاندان،اور عام گھرانے کی خواتین کے لیے بھی اعلیٰ تعلیم کی

راہ ہموار ہوتی نظر آئی، یہی وہ دور تھا جب تعلیم یافتہ خاندان کے علاوہ متوسط طبقے کی خواتین گھر کی چہار دیواری سے باہر نکلیں!

"تہذیب نسواں "خواتین کا پہلا ہفتہ وار اخبار تھا' جس کی مدیرہ محمدی بیگم ہوا کرتی تھیں' محمدی بیگم مشہور زمانہ ڈرامانویس امتیاز علی تاج کی والدہ تھیں۔ 'تہذیب نسواں' کے کم وبیش ایک ہزار ایڈیشن نکلے' یہاں یہ بتانالازمی ہے کہ محمدی بیگم عمدہ انشاپرداز تھیں'

محمدی بیگم کی پیدائش 22 / اپریل 1878ء شاہ پور سرگودھا غیر منقسم ہندستان میں ہوئی- ان کی شادی ممتاز علی سے ہوئی - ممتاز علی نے اپنی دوسری زوجہ محمدی بیگم کے اندر علمی ذوق دیکھ کر ان کے لیے معلم کا بندوبست کیا_ جو گھر آکر انھیں پڑھایا کرتے۔ محمدی بیگم کے بے پناہ ذوق شوق نے بہت جلد اس قابل بنادیا کہ وہ مضامین تحریر کرنے لگیں' پھر وہ وقت بھی آیا کہ 1 / جولائی 1898ء انھوں نے 'تہذیب نسواں' کا اجرا کیا،

چند سال بعد 1904ء صرف ماؤں کے لیے ایک ماہنامہ، مشیر مادر' کے نام سے نکالا 1905ء "انجمن خاتونان ہمدرد" کی بنیاد رکھی بغرض آمادہ خواتین اس انجمن کی ایک شاخ "دار النسواں" کے نام سے بنائی گئی تا کہ غریب مفلس ونادار کی امداد واعانت کی جاسکے محمدی بیگم نے لڑکیوں کے لیے سکول اور لاہور میں خواتین کے لیے دکان بھی کھولی، جہاں خواتین ہی دکاندار اور خریدار تھیں۔

دن رات سخت محنت کیا کرتیں آرام انھوں نے خود پہ حرام کر رکھا تھا لہذا محمدی بیگم شدید بیمار ہوئیں اور پھر جانبر نہ ہوسکیں، دو نومبر 1908ء میں صرف 30 سال کی عمر میں شملہ میں انتقال ہو گیا۔ انھیں لاہور میں دفن کیا گیا

1919ء میں حیدرآباد سے صغریٰ بیگم نے 'النساء' کے نام سے ماہنامہ نکالا' اس کے

بعد خواتین کی ادارت میں رسائل و جرائد نکلنے کا سلسلہ چل پڑا، مثلاً سعادت سلطانہ نے 'نور جہاں' (امر تسر) مریم بیگم نے 'خادمہ' (حیدرآباد) صالحہ خاتون نے 'عفت' (پٹنا) سے رضیہ ہاجرہ نے 'ثریا' (آگرہ) عطیہ بیگم نے پہلا باتصویر رسالہ 'معین نسواں' (علی گڑھ) سے نکالا

خادمہ 'ہم جولی، مومنہ، سفینہ نسواں، صادقہ قریشی، اختر قریشی نے نکالا، 1929ء عصمت آرا حجاب نے, ماہنامہ 'خاتون مشرق' کی ادارت کی ' امہات' قمر النساء بیگم 1939ء میں' آفتاب نسواں' کی سرور جہاں ' انور جہاں مدیرہ تھیں ' پندرہ روزہ 'افشاں' وغیرہ وغیرہ

1947ء سے خاتون صحافی اخبار ریڈیو کی طرف متوجہ ہوئیں کیوں کہ وہ زمانہ اخبار و ریڈیو کا تھا۔ اردو اخبار کی پہلی صحافیہ سعدیہ بانو، سیما مصطفیٰ بھوپال کی خالدہ بلگرامی کا نام لیا جاتا ہے۔ خالدہ بلگرامی روزنامہ 'آفتاب جدید' سے باضابطہ 22 سال تک منسلک رہیں_ سعدیہ بانو 'ہندستان کی پہلی نیوز براڈ کاسٹر کے طور پر جانی جاتی ہیں یہ آل انڈیا ریڈیو سے 1947ء میں وابستہ ہوئیں -ریڈیو کے لیے بطور پہلی خبریں پڑھنے والی خاتون کا اعزاز 13 / اگست 1947ء میں انھیں حاصل ہوا_ جو کسی خاتون کے لیے ایک خواب جیسا تھا_ پھر آل انڈیا ریڈیو کی اردو سروس شروع ہوتی ہے ریڈیو پہ کئ نام مقبول ہوئے- مریم کاظمی—طاہرہ نیازی 'عذرا قریشی' نجمہ 'وغیرہ۔۔۔

خالدہ بلگرامی کے بعد نور جہاں ثروت کو پہلی صحافیہ کے اعزاز سے اس لیے نوازا گیا کہ وہ بھارت کی پہلی وہ بے باک صحافیہ ہیں جنھیں کسی روزنامہ کے ادارتی بورڈ کی صدر بنایا گیا۔۔ یہ عہدہ ان کے لیے دیرینہ خواب کی مانند تھا۔۔

نور جہاں ثروت کی پیدائش 28 / نومبر 1949ء دہلی میں ہوئی 'ابتدائی تعلیم 'بلبلی

خانہ سینئر سیکنڈری' اسکول سے شروع کیا' بعد ازاں ذاکر حسین کالج سے گریجویشن اور دہلی یونیورسٹی سے 1971ء میں ایم۔اے کیا- جے این یو میں لیکچرر کی حیثیت سے اپنی کارکردگی کی ابتدا کی، صحافت کی ابتدا 1970ء میں اردو کے مشہور رسالے ' سیکولر ڈیموکریسی سے کرتی ہیں_ بعد ازاں 1980ء میں 'عشرت علی صدیقی کے ماتحت روزنامہ "قومی آواز" میں بطور نمائندہ کام کا آغاز کیا_ بہت جلد اپنی صلاحیت کا لوہا منوالیا-

'قومی آواز' کے ہفتہ وار ضمیمہ کی مدیرہ ہونے کے علاوہ 'روزنامہ 'انقلاب' کے دہلی ایڈیشن کی ریزیڈنٹ مدیرہ کے طور پر کام کرتی رہیں' آل انڈیا ریڈیو سے وابستہ رہیں' یہاں انھوں نے سیاست دان، مشاہیر ادب وغیرہ' کے انٹرویو لیا کرتی تھیں_ نور جہاں ثروت صحافی کے ساتھ ایک بہترین شاعرہ بھی تھیں-ان کا ایک شعری مجموعہ 'بے سایہ شجر' کے نام سے شائع ہوا،

وہ یرقان کے مرض میں مبتلا تھیں ان کی وفات 7/اپریل 2010ء کو دہلی میں ہوئی_

نور جہاں ثروت کے علاوہ اردو اخبار کی ادارت وسیم راشد ہفتہ وار اخبار "چوتھی دنیا"

زریں فاطمہ روزنامہ 'انقلاب' (پٹنا) ایڈیشن سے وابستہ ہیں، نازیہ نوشاد راشٹریہ سہارا۔۔۔

شیریں دلوی روزنامہ (ممبئ)' اودھ نامہ 'کی ایسوسی ایٹ صحافی رہی ہیں_

اس کے علاوہ روزناموں میں ہفتے میں ایک دن خواتین ایڈیشن ہوا کرتا ہے_ جسے خواتین کی اکثریت ترتیب دیا کرتی ہے-

عالیہ نازکی۔نصرت جہاں نعیمہ احمد مہجور وغیرہ بی بی سی ' وائس آف امریکہ

،صدائے جمہوریہ ایران کی آواز' جیسے خبروں کے عالمی ادارے 'بشمول ہندستان کے شمالی ریاست کے علاقائی ریڈیو اردو پروگرام میں خواتین کی وابستگی خوش آئند اقدام کہا جاتا ہے۔

آل انڈیا ریڈیو کی معروف صحافیہ – مدبرہ عثمانی، ترنم ریاض 'پھولا پنڈتا' وغیرہ ہیں وہیں دوسری طرف خواتین مدیرہ اردو ادب کے معیاری ماہنامے، سہ ماہی رسائل و جرائد بھی نکال رہی ہیں مثلاً، اردو کی پہلی خاتون انشائیہ نگار شفیقہ فرحت 'چاند' کی معاون ایڈیٹر کے طور پر کام کیا، چند عرصے بعد ادبی رسالہ 'کرنیں' (ناگپور) سے نکالتی رہیں۔ ہاجرہ بیگم 'روشنی' ام صہیب، حجاب، (رامپور) ڈاکٹر شمع افروز زیدی 'بیسویں صدی، اور بچوں کا رسالہ, امنگ (دہلی) فریدہ رحمت اللہ، "زریں شعائیں" (بنگلور) شہلا نواب 'محفل صنم'۔ ترقی پسند معروف شاعر خلیل الرحمٰن اعظمی کی اہلیہ بیگم راشدہ خلیل صاحبہ سالانہ جریدہ 'بزم ادب' 1994ء (علی گڑھ) سے نکالتی رہی ہیں – ان کے انتقال کے بعد ان کی صاحبزادی محترمہ ہما خلیل 'بزم ادب' جریدہ خاصا ضخیم نکال رہی ہیں، اردو کے مشہور و معروف افسانہ نویس ناول نگار جناب مشرف عالم ذوقی کی اہلیہ تبسم فاطمہ ماہنامہ ادبی سلسلہ کے کئی شماروں کی ادارت کرتی رہیں ہیں – روزنامہ "انقلاب" میں مسلسل 9 سال تک سیاسی موضوعات پہ ہفتہ وار کالم لکھتی رہیں 'پاکیزہ آنچل' ڈائجسٹ کی مدیر غزالہ صاحبہ افسانہ نگار ناقد و محقق ڈاکٹر رضیہ حامد کی ادارت میں 'فکر و آگہی' شاعر ایم نسیم اعظمی کی صاحبزادی والد کے انتقال کے بعد "تخلیق و تحقیق" (مئوناتھ بھنجن، یوپی) کی ادارت کر رہی ہیں – سرکاری ماہنامہ "آجکل" (دہلی) محترمہ فرحت پروین اور معاون مدیرہ نرگس سلطانہ کی ادارت میں نکل رہا ہے 'مغربی بنگال اردو اکادمی سے نکلنے والا "روح ادب" کی مدیرہ شہناز نبی صاحبہ ہیں۔

فروغ اردو کونسل سے نکلنے والا 'ماہنامہ خواتین' کی معاون مدیر ڈاکٹر مسرت صاحبہ اور منتظم مدیر شمع کوثر یزدانی صاحبہ ہیں منظور تبسم کرناڈ کی بیک وقت انگریزی، اردو زبان میں صحافتی ذمے داری ادا کرتی ہوئی 'ماہنامہ غزلوں کا سفر' نکال رہی ہیں رخسانہ نازنین صاحبہ آن لائن ماہنامہ 'اقرا' اور 'النساء' سے وابستہ ہیں

اخبار ورسائل ریڈیو کے علاوہ جب ٹیلی ویژن کا دور آیا 'ٹیلی ویژن سے بھی اردو خبریں، اردو پروگرام نشر ہونے لگے۔

ٹیلی ویژن کے اردو شعبے میں خاتون صحافی کی شمولیت ناگزیر رہی - یہاں اوائل دنوں میں خواتین کی شمولیت کم رہی' لیکن ان کی اہمیت کم نہیں رہی، شہلا نگار، ثمینہ صدیقی، ثمرین ناز' شگفتہ یاسمین، ریشماں فاروقی، سعدیہ علیم، تپسیا شاداں' تسنیم کوثر، ثمینہ 'کائنات سامعہ وغیرہ

ٹی وی کے بعد سوشل میڈیا کا دور آیا، ٹی وی سے زیادہ سوشل میڈیا میں دلچسپی اور سرگرمیاں دیکھی جا رہی ہیں_ خواتین کا ایک بڑا طبقہ اس میڈیا سے وابستہ ہے۔ان میں سب سے اہم نام عارفہ خانم شیر وانی صاحبہ کا ہے جو 'دی وائر' یوٹیوب چینل چلا رہی ہیں۔ سوشل سائٹ ایسا پلیٹ فارم کہ کوئی بھی گھر بیٹھے صحافی بن سکتا ہے_ اور ذاتی چینل بنا سکتا ہے۔

مستقبل میں مزید خاتون سوشل سائٹس سے منسلک ہو کر اردو صحافت میں اپنی نمائندگی ہی نہیں وسائل میں اضافہ کا باعث بھی بن رہی ہیں_

***